お金の流れで
会計の仕組み
が見えてくる

ストーリーで わかる 財務3表 超入門

國貞克則

ダイヤモンド社

はじめに

会計の勉強は難しいと思われがちですが、お小遣い帳や家計簿が理解できる人なら誰でも理解できます。本書は、お小遣い帳や家計簿に代表される収支計算書の知識レベルで財務会計の仕組みが理解できるように工夫した本です。

私たちは子供の頃から、お金の動きを表す表としてはお小遣い帳や家計簿などの収支計算書しか見たことがありません。しかし、企業は「損益計算書」や「貸借対照表」といった、社会人になる前には見たこともない表を使って会社の活動を説明します。

そもそも、「損益計算書」とか「貸借対照表」といった特殊な表はなぜ必要なのでしょう。会社の活動を説明するのに収支計算書だけではダメなのでしょうか。

実際、企業以外の組織や団体は収支計算書しかつくっていません。自治会も同窓会もＰＴＡも、その組織の会計報告は収支計算書によって行われます。そのような小さな団体だけではなく、市区町村も都道府県も国も「歳入」「歳出」といった収支計算書しかつくっていません。

なぜ、企業だけが「損益計算書」とか「貸借対照表」といった特殊な表を使うのでしょうか。それは、企業が利益をあげるための団体であり、人為的に定められた事業年度（通常1年間）の活動について報告しなければならないことや、資本家から資本を集めて事業を行っていることなど、企業という団体の特殊性と関係があります。

実は私も、社会人になってしばらくの間は、「損益計算書」も「貸借対照表」もよくわかってはいませんでした。私が会計を理解できたと思えたのは、自分で会社を設立したときのことでした。当時のなけなしの会計知識を使って「損益計算書」「貸借対照表」「キャッシュフロー計算書」の3つの表をつくり、3か年の事業計画を数字でシミュレーションしてみました。そのとき、これら3つの表がつながっていることがわかり、初めて会計の仕組みが理解できたように思えたのです。

会計はそれぞれの表の構造を個別に勉強しただけでは理解できません。会計を理解するには、3つの表のつながりと全体像を把握したうえで、会計の数字を事業実態との関係の中で勉強することが効果的なのです。

本書では、会計を理解するために、「法人とは何か」「資本主義とは何か」といった「そもそも論」から説き起こし、「損益計算書」とか「貸借対照表」といった特殊な表がなぜ必要なのかを説明していきます。

会計の仕組みは実はとても簡単なものです。前述したように、**現金の出入りを表すお小遣い帳や家計簿、つまり収支計算書が理解できる人なら必ず誰でも理解できます。**会計の仕組みを理解し、損益計算書や貸借対照表が読めるようになることは、ビジネスパーソンとしての共通言語を身につけることであると同時に、仕事をするうえでたくさんのメリットがあります。

会計が理解できれば間違いなくビジネスを見る視点が広く高くなります。そのことは皆さんの長い社会人人生の中で大きな財産となっていくことでしょう。さらに言えば、会計の仕組みが理解できれば、皆さんご自身の人生自体も広く高い視点で眺められるようになるはずです。

また、会計が理解できれば先が読めるようになります。事業のリスクがどこにあるのかを予測し、大きな問題が発生する前に手を打つことができます。リスクを予測するだけでなく、数字で将来の事業ビジョンを想像してみることもできます。将来の事業ビジョンを具体的な数字で描くことができれば、そのビジョンを実現するためにいま何をすべきかもより明確になってきます。

このように、理解できれば大きなメリットがある会計ですが、どうも会計は難しいとか、会計の勉強は大変だといった悪いイメージがあります。本書は、興味を持って会計を勉強していただくために物語形式にしました。

社会人経験4年の主人公である寺坂あかねが勤めていた会社を辞め、自分の会社を設立して事業を興します。皆さんも寺坂あかねと一緒に、「企業とは何か」「会計とは何か」について考えながら読み進めていただきたいと思います。

それでは物語を始めましょう。

登場人物

……寺坂あかね

てらさか　あかね・26歳
主人公
小さな貿易会社に勤める社会人経験4年のＯＬ。会社勤めをしながら土日を中心に高校時代の友達（神崎良江）と一緒にアクセサリーなどを販売していた。この度、勤めていた会社を辞め、自分の会社を設立して、ストーンを中心にしたアクセサリー販売の事業を始める。

……寺坂龍一

てらさか　りゅういち・55歳
あかねの父　経営コンサルタント
40歳のときに脱サラし、中小企業の社長を支援する経営コンサルタント業を営む。米国ピーター・ドラッカー経営大学院でＭＢＡ取得。日本橋に事務所を構え、千葉県浦安市のディズニーランドの近くに住んでいる。

……寺坂順子

てらさか　じゅんこ・52歳
あかねの母　専業主婦
事業を始める娘をひやひやしながら見守っている。

……寺坂藤吉

てらさか　とうきち・83歳
あかねの祖父
サラリーマン時代は銀行に勤めていた。定年退職まで銀行に勤めたが、実は自分で事業をやってみたかった。現在は悠々自適でゴルフ三昧の生活。孫娘のことがかわいくてしょうがない。千葉県市原市在住。

……寺坂房子

てらさか　ふさこ・79歳
あかねの祖母　専業主婦
夫の寺坂藤吉同様悠々自適の生活。

……倉橋哲也

くらはし　てつや・40歳
龍一の友人　投資顧問会社社長

ハーバードビジネススクールでＭＢＡ取得。30歳のときに、大企業での将来を嘱望された地位を捨て、日本の若者を育成するために独立して教育会社を設立。主人公の父親と親交があり、父親の会社の非常勤取締役でもある。立ち上げた教育会社が大成功し、現在は投資顧問会社を経営している。

……

神崎良江

かんざき　よしえ・26歳
あかねの友人　共同経営者
主人公の小学校時代からの親友。美人で人当たりがよい。高校を卒業して就職した会社は長く続かず、派遣社員としていろいろな会社を転々としていたが、どの仕事にも興味がわかず、主人公と一緒に土日にアクセサリーを売ることに一生懸命になっていた。主人公と一緒に事業を始める。

……

片岡理恵

かたおか　りえ・19歳
あかねの会社の従業員
従業員募集広告に応募してくれた女性。高卒で就職先がなくアルバイトを続けていた。仕事の経験はあまりないが一生懸命働いてくれる気持ちのいい子。19歳とは思えないほど細かいことによく気がつく。

目次

CONTENTS

第2部　原宿のお店で営業開始

第3部 事業は大きくなっているのに、お金が足りない!?

第4部　1年間の経営の成績表――決算と配当

第5部　財務3表の知識をビジネスの現場で使うために

PART

1

第1部

あかね、アクセサリー販売の会社をつくる

ともにOLの寺坂あかねと神崎良江は、週末を利用してオーストラリアのストーンを加工したアクセサリーの販売を行っていた。あかねたちが販売するストーンはすこぶる評判がよく、あかねは一念発起して会社をつくり、本格的に事業化することにした。

でも、会社ってどうやってつくればいいのだろう？　法人とは？　株式会社とは？　資本金とは？　あかねにとってはわからないことだらけだった。

SCENE

1

2月中旬

あかねの自宅

父に会社設立の準備について教わる

法人とは何か

あかねの部屋からは遠くにディズニーランドが見える。いまにも雪が降り出しそうな冬空だが、ディズニーランドを見るとあかねの気持ちはいつも温かくなった。ディズニーランドで働くのが高校時代のあかねの夢だった。頭の中にＳＭＡＰの「夜空ノムコウ」という歌が流れてきた。昔夢見た未来。あかねは彼女が高校時代に夢見ていた未来には、間違いなく立っていなかった。

あかねは、これから立ち上げようとしている会社の定款[1]をやっとの思いで書きあげ、何気なく窓の外を眺めていた。

「大学受験に失敗したときから私の人生は大きく変わった……」

1……定款とは会社の商号、所在地、目的、構成員などの基本規則を定めた書類。どんな会社でも最初に定款を作成しなければならない。

昔を思い出すかのように心の中でそうつぶやいた。あかねは大学受験に失敗し、日本の大学への進学をあきらめ、父の勧めもあってオーストラリアの大学に留学した。現地の大学を卒業し、いまは日本に戻ってきて家族と同居しながら都内の小さな貿易会社に勤めていた。

「あれからいろいろあった」

18歳のとき、成田空港からひとりでオーストラリアに飛び立ったときは不安でいっぱいだった。負けず嫌いな性格なので、見送りにきてくれた家族や友達の前では涙を見せなかったが、夜の8時過ぎに飛行機が飛び立ち、地上の光が見えなくなると涙があふれ出て止まらなかった。エコノミークラスの狭い座席の隣にどんな人が座っていたのかも思い出せない。

あれからもう8年が経っていた。

しばらくの間、あかねは窓に向かって何を見るでもなく佇《たたず》んでいたが、突然机の上の書類を持って部屋を出ると、急ぎ足で父親のいる食卓に向かった。

「父さん、ちょっといいかな」

父親の龍一は、遅い朝食を終え、食卓の丸テーブルに座ってコーヒーを飲みながら新聞を読んでいた。コーヒーのいい香りが部屋中に拡がっていた。

「この書類チェックしてもらいたいんだけど……」

龍一は老眼鏡をかけたまま、上目遣いにあかねを見た。龍一は読んでいた新聞をテーブルの傍《かたわ》らに置き、あかねが両手で差し出した書類を受け取った。

龍一は真剣なまなざしで書類に目を通してから言った。

「いいんじゃないか。ただ、会社の目的のところはアクセサリーの販売だけじゃなく、もっといろいろな項目を書いておいたほうがいいかなぁ。将来はアクセサリーの販売だけじゃなくていろんなことをやりたいと思っているんだろ。後から会社の目的を追加しようとすると手続きが必要だしお金もかかる」

あかねは4年間勤めた会社を辞めて、ストーンを中心にしたアクセサリーを販売する事業を始めようとしていた。

「会社の目的をいくつも書いていいの？」

「ああ、いいよ。お父さんの会社なんて会社の目的が12個もある。それも会社を設立したときから12個や。『健康器具の販売』や『自動車の賃貸業』まで入っている」

父親の龍一はいま55歳。15年前にサラリーマンを辞めて独立し、いまは経営コンサルタントとして生計を立てていた。サラリーマン時代に神戸と東京を行ったり来たりしていたせいで、関西なまりのある妙な標準語を使う。というより、標準語なまりの関西弁といったほうがいいかもしれない。

「12個も⁉　健康器具の販売や自動車の賃貸業なんて本当にやろうと思ってたの？」

「特別に何かやりたいということがあって設立した会社じゃなかったから、その頃思いつくものは何でも書いておいたんや」

「えっ？　父さんは何かやりたいことがあって会社つくったんじゃないの？」

「その話をするとちょっと長くなるけど、聞きたい？」

「全然」

「えっ？　あっそう」

龍一はあかねの反応が自分の期待していたものと違ったので少し落胆したが、

すぐに気持ちを切り替えた。

「ところであかね。法人って何のことか知ってるか？」

あかねは不意をつかれて動揺しているのを隠すかのように落ち着き払って言った。

「……法人は法人でしょ」

「素直じゃないねぇ。知らないなら知らないって言やぁいいのに。『お父さん教えて』なんて言えりゃあかねもかわいいんだがなぁ。性格オトコやからなぁ、あかねは」

「ほっといてよ。で法人って？」

「法人とは読んで字のごとく、法律によって人の権利を与えられた団体のことだ」

「へぇ〜、法人って人なんだ」

「そうだ。世の中でモノやサービスを買ったり、契約行為の主体になれたりするのは人だけだ。うちのチロは自分の餌を自分で買えないだろ。チロの餌を買うのは飼い主の母さんだ。まあ、その前に猫は自分の餌が買いたくても人間と会話できないけどな。たとえば、あかねとお父さんが『**キャンディーズ**[2]』っていう名前のグループをつくって、そのキャンディーズで事務所を借りる契約をしようと思っても無理だろ。キャンディーズはあかねとお父さんで勝手につけた名前であって、そのグループの存在の証なんてどこにもない」

「どうでもいいけど、父さんそんなにキャンディーズが好きだったの？」

「あかねは知らないだろうが、キャンディーズは人気絶頂期に突然解散宣言をして、最後の後楽園球場でのコンサートで『本当に私たちは、幸せでした！』と言って解散したんや。そのテレビ中継を見て俺は泣いたね。美しいなぁ。桜だねぇ。日本の心やねぇ。高校生の頃だったなぁ」

龍一の目は焦点が定まらないままに天井の先を見つめていた。

「父さん、その話はいいから法人の話を続けてくれる」

龍一は我に返って、「ううん」と軽く咳払いをしてから法人の話に戻った。

「モノを買ったり契約行為ができるのは人だけ。だから何かの団体をつくればその団体としてモノを買ったり契約行為ができるように法律で人として認めてもらわなきゃならない……。

2……1970年代に活躍した女性3人組のアイドルグループ。

お母さん、俺の書斎に行って……、いや、俺が行くわ」

龍一はそう言うと、席を立って書斎に向かった。

　母親の順子は台所で食器を洗いながら、あかねと龍一の話を聞いていた。正直言って、順子はあかねが事業を始めることに賛成ではなかった。起業などという大変な道に進むのではなく、普通の女性の生き方をしてもらいたかった。しかし、一度言い出したら聞かないあかねの性格を順子はよく知っていたので表だって反対もしていなかった。居間に残されたあかねと順子の間でなんとなくぎごちない沈黙の時が流れた。

　しばらくして、1枚の紙を手に持って龍一が戻ってきた。

「これがお父さんの会社の現在事項全部証明書[3]だ。名前はややこしいが会社の登記簿謄本[4]だと思っておけばいい。

　書いてあるのは、主に会社の商号、本店所在地、会社成立の年月日、目的、資本金の額、役員に関する事項などだ。内容的には人間の戸籍[5]と似てるだろう。何

3……現在、登記簿の内容はコンピューター内のデータで記録されるようになってきている。「現在事項全部証明書」は会社の登記簿の現在生きている事項のみをプリントアウトした証明書のこと。現在生きている事項のみではなく、登記簿のすべての履歴をコンピューターからプリントアウトしたものを「履歴事項全部証明書」という。この「現在事項全部証明書」と「履歴事項全部証明書」が従来の登記簿謄本の代わりになるものである。

4……一定の事項を一定の手続きに従って公の帳簿に記入することを登記といい、その登記され

現在事項全部証明書

千葉県浦安市美瀬九丁目２番地５
株式会社寺坂コンサルティング
会社法人等番号　０１２３－０１－０１２３４５

商号	株式会社寺坂コンサルティング
本店	千葉県浦安市美瀬九丁目２番地５
公告をする方法	当会社の公告方法は、官報に掲載する方法とする。
会社設立の年月日	平成１１年１１月２２日
目的	1、企業の経営者・管理者・従業員の教育訓練及びコンサルティング業務 2、有料職業紹介斡旋業 3、労働者派遣事業 4、竹とんぼ作りのための材料及び道具の販売 5、スポーツ用品・がん具の販売 6、健康器具の販売 7、一般日用品雑貨の販売 8、出版物の企画並びに書籍・雑誌の販売 9、文書の作成、発送業務の請負 10、実用新案、特許、著作権の保有利用 11、自動車の賃貸業 12、前各号に付帯する一切の事業
発行可能株式総数	1,000株
発行済株式の総数並びに種類及び数	発行済株式の総数 200株
資本金の額	金1,000万円
株式の譲渡制限に関する規定	当会社の株式を譲渡により取得するには、 株主総会の承認を受けなければならない。
役員に関する事項	千葉県浦安市美瀬九丁目２番地５ 取締役　寺坂龍一
	東京都世田谷区泉岳寺四丁目12番地14 取締役　倉橋哲也
	代表取締役　寺坂龍一

た帳簿のことを登記簿という。登記簿には不動産登記簿や法人登記簿などがある。登記簿の全部の写しのことを登記簿謄本、一部の写しは登記簿抄本という。

5……各個人の家族的身分関係を明らかにするために記載された公文書。

という名前で、いつ生まれてというようなことが書いてある。個人の戸籍と違うのは何の目的を持った法人で、どんな人間によって経営されているかが明確になっていることかな。こうやって会社を登記することによって法律でその会社に人の権利が与えられるんや」

「へぇ〜、そういうことか」

「法人は人としての権利を与えられるだけじゃないぞ。権利を与えられれば当然義務が発生する」

「税金を払うってこと」

あかねがすかさず反応したことが龍一にとってはなんだかうれしかった。あかねは昔から頭の回転が速かった。スポーツばかりに一生懸命にならずに、もう少し勉強しておけば大学受験に失敗することもなかったのに。一瞬そんなことが龍一の頭をよぎった。

「そうだ。人は給料をもらうと所得税を払うし、住んでいるところで住民税を払う。法人も同じだ。会社の所得に対して法人税を払うし、会社所在地で法人住民税を払うことになっている」

「その所得って何？」

「いい食いつきやなぁ」

「所得というのは、ある一定期間に個人や法人が得た収入からそれを得るのにかかった費用を差し引いた残りの純収入のこと。まあ、税金を計算するときに使う言葉と思っときゃいい。サラリーマンの税金の計算だって受け取った給料総額に税率がかかるわけじゃない。基礎控除[6]などを差し引いて課税所得を計算し、その課税所得に税率を掛けて税金を計算する。法人も法人の課税所得を計算してその課税所得に税率を掛けて会社の税金を計算するんや」

「なんか『？』って感じよね～。それって私が全部自分で計算するの？」

あかねが指で空中に？マークを描きながら言った。

「いいんだ、あまり細かいことは考えなくて。税金の計算は税理士さんがちゃんとやってくれるから。あかねに教えておきたかったことは、会社は法律で権利を与えられた人だということ。そして、人であるなら権利を持つと同時に義務も負うということだけや」

「わかった。父さん、ありがとね」

6……基礎控除とは課税所得額を計算するときに、すべての対象者に対して総所得金額から一律に一定額を差し引く（控除）こと。所得税の基礎控除の金額は一律38万円。

SCENE
2

3月初め

銀行近くの喫茶店

父から100万円の出資を受ける

会社は誰のものか

あかねは会社設立の手続きがひとりでできるのか不安に思っていたが、父親の龍一に相談すると「図書館で会社設立の手続きに関する本を1冊借りてくれれば誰にでもできるさ」と言われて、近くの図書館に行って会社設立に関する本を念のため3冊ほど借りてきて読んだ。

確かに会社設立の手続きは難しいものではなかった。大まかに言えば、定款をつくり、それを公証人役場[7]で認証してもらい、発起人[8]名義でつくった銀行口座に株主から資本金を払い込んでもらい、最終的に法務局[9]で登記申請をするという流れになる。費用は定款の認証手数料や登記費用、さらには印鑑の製作費などを含

7……公証人役場（公証役場ともいう）とは公証人が執務する場所のこと。公証人とは法務大臣が任命する公務員で、定款や私文書の認証などを行う。

めると30万円ほどかかる。

あかねはすでに定款の認証を済ませていた。今日は龍一と一緒に資本金の払い込みを終え、銀行近くの昔風の小さな喫茶店に入っていた。3月に入ったとはいえ、外を吹く風はまだ肌寒い。めずらしく、喫茶店には石油ファンヒーターが置いてあった。灯油で暖められた空気には郷愁を感じさせる匂いがあった。

龍一は昔ながらの喫茶店を発見してうれしそうだった。

「昔はこんな喫茶店ばかりだったなぁ。こんな店に入るとタバコが吸いたくなるな」

「そういえば最近タバコ全然吸わないね」

「全然ストレスないからな。それはそうとあかね、よく２００万円も貯金できたな、たった4年くらいで」

「父さんと違って、そのせいでこっちはストレスだらけよ」

あかねは就職してから毎月5万円ずつ貯金していた。普通の女の子のようにショッピングに出かけることもあまりなかった。そんなことより、あかねには自分

8……会社の設立を企てている人。正確には、株式会社設立の企画者として定款に署名した人。本書の中では寺坂あかねがこの会社の発起人である。

9……法務局とは法務省の地方組織のひとつで、国民の財産や身分関係を保護する事務を行っている。一般人になじみのある業務としては「商業・法人登記」や「不動産登記」などがある。

の人生をどう生きるかのほうが大切だった。あかねは就職したときからいつかは独立しようと考えていた。それはやはり留学の影響だった。オーストラリアは移民を奨励している国で、全世界からたくさんの留学生が来ていた。留学して感じたのは、外国の若者は企業家精神が旺盛なことだった。日本からの留学生以外は、欧米人もアジア人も「自分の人生は自分で切り開く」といった独立心や、「世の中にない新しいものを生み出す」といった前向きなエネルギーに満ちていた。あかねもそんな彼らの精神性をカッコイイと思った。

　オーストラリアに行ってからも、あかねは大学受験に失敗したことをしばらく引きずっていたが、さまざまな価値観と出合い、受験の失敗なんてたいしたことではないと思えるようになった。ただ、それよりなにより、過去にとらわれず未来に向かって生きていくことが人生にとって大切であることに気づいたことが、あかねにとっての大きな財産となっていた。

「へぇ、あかねにもストレスあるのか？　26歳にもなってパラサイトシングルで悠々自適に暮らしてんのかと思ってたよ」

「なんでそんな嫌味な言い方しかできないかなぁ」

「ゴメンゴメン。でも本当はストレス感じてんだ。そりゃ、責任の重い社長になるんだからな」

「ウソだよ。好きなことやろうとしてるんだからストレスなんかないよ」

そう答えてはみたものの、心の中は期待と不安が入り混じっていた。

龍一も、これから会社を設立して自分の力で生きていこうとするあかねの不安な気持ちはよくわかっていたが、わざと何も気づいていないように言った。

「それはそうと、どうしてお父さんが資本金１００万円しか出さなかったかわかるか？」

会社を設立するにあたって、あかねは自分が貯めてきたお金から２００万円を資本金として拠出することにした。登記費用などに30万円ほどかかったから、あかねの貯金総額からすればそれが限界だった。

２００万円をあかねが出すと聞いて、龍一は「１００万円出資してやろう」と言った。龍一の仕事はうまくいっていたので、あかねは内心もっとたくさん出資してくれるのではないかと期待していた。

「１００万円しかっていうことは、本当はもっと出してくれる気があったんだ」

「いや、ない」

龍一はキッパリ言った。

「お父さんが100万円しか出さないのには理由がある。あかねにはオーストラリアへの留学も含めてたくさんのお金を使ってきた」

「あっ、それは申し訳なかったと思ってるし、ありがたかったと思ってる」

「ウソやウソや。実はそんなことが理由じゃない。子供の教育にお金が出せたということは親としても幸せなことや。おまえも知っているように、お父さんが独立した頃、つまりあかねが小学生から中学生にかけては本当に貧乏だったからな。逆にあの頃は貧しい思いをさせてすまなかったと思っている」

「そんなことないよ。あの頃は家にお金がなかったことなんて知らなかったし、家族はみんな仲良しで楽しかったじゃない」

「そう言ってくれると救われるけどな」

あかねは注文したチョコレートパフェを長いスプーンでつつきながら、昔のことを思い出していた。実際、寺坂家はいつも明るかった。

「幸せって本当にお金とは関係ないな」

そんなことがふとあかねの頭をよぎった。

「資本金を100万円しか出さないのにはほかに理由がある」

龍一の顔が急に真剣になっていた。

「あかねの会社はこれから登記さえ済めば法律で認められた法人になる。これからは会社法という法律に準じて会社を運営していかなければならない。あかねが設立する株式会社シースリー（C^3）は誰の会社だと思う？」

「そりゃ私の会社でしょ。私が社長になるんだから」

「じゃあ、仮にあかねが設立する株式会社シースリー（C^3）の資本金を全部お父さんが出したとすると、株式会社シースリー（C^3）は誰のものだ？」

「それでも私の会社でしょ。私が発起人だし、私にはこの会社に思い入れがあるもん。父さんは私の会社に出資した株主ということだけでしょ」

「あかねの気持ちはわかるけど、この場合は、株式会社シースリー（C^3）は俺のものだ。資本主義の論理から言えば会社は株主のものになる」

「そうなの～？」

「そうだ。じゃあ、そもそも資本主義って何か知ってるか？」

「資本主義は資本主義でしょ」

「ハイ、また出ました。わかんないんだったらわかんないって素直に言ったらいいのに。資本主義とは、資本家が資本を拠出し、労働を買い、生産を行う社会制度のこと。社長というのは株主から委任されてその会社を経営する人。日々の事業運営の意思決定は社長がやるけど、会社の重要な意思決定は最終的に株主総会で行われるんだ」

「じゃあ、社長より株主のほうが偉いっていうことなの？」

「偉いというより、会社は株主のものであり、会社にとって重要な意思決定は最終的に株主が行うってことだ。たとえば、社長を含む取締役の選任や解任、役員報酬の額、配当の額、決算書の承認などは株主総会で決議されるんや。繰り返すが、社長は株主から会社の経営を任されているということだけなんや」

「そうなの～」

「そうだ。その中でも特に重要な事項、たとえば事業の譲渡、合併、定款の変更などは株主総会の特別決議[10]が必要になる。特別決議には議決権の三分の二以上による決議が必要になるんや。だから、株式の三分の二以上を保有しておくという

10……正確に言えば、特別決議は「議決権を行使可能な株主の議決権の過半数を定足数とし、出席株主の議決権の三分の二以上により決議する」ということになる。

ことはとても大切なことなんだ」

「そうなのか～。だったら、私の思い通りに会社を運営できるようにしておこうと思えば三分の二以上の株式を保有しておく必要があるってわけね」

「その通り。株式会社シースリー（C^3）は1株当たり5万円で株式を発行したから、あかねには２００万円÷5万円で40の議決権があり、お父さんは出資１００万円だから１００万円÷5万円で20の議決権があることになる。だからこの会社は最終的にあかねの思う通りに運営できるってことや」

「それはそれは、お気遣いありがとうございます」

あかねはおどけたそぶりで頭を下げた。

「ついでにもう少し付け加えておくと、これまでは特別決議のことについて話をしてきたけど、役員報酬や配当を決める普通決議[11]には議決権の過半数が必要だ。だから51%以上の議決権を保有しておくということもとても大切なことなんや。さらに言えば、どんな人に株主になってもらうかも極めて重要なことだな。最終的に株主が会社の重要な意思決定をするんだからな。まぁ、父さんみたいな人格者が株主になっていれば安心だがな」

11……正確に言えば、普通決議は「議決権を行使可能な株主の議決権の過半数を定足数とし、出席株主の議決権の過半数により決議する」ということになる。

「会社ってそういう仕組みになってんのか〜」

あかねは龍一の冗談を無視して言った。そして、自分がいかに世の中のことがわかっていないかしみじみと感じていた。

「じゃあ、お金を集めてくるということは同じでも、借金でお金を集めてくるのと資本金でお金を集めてくるのとでは、その意味あいが全然違うってことね」

「そうだ。その通りだ。いくらたくさんのお金を貸してもらっていても、お金を貸してくれている債権者に議決権はないが、資本金を出している株主は議決権を持つ、会社の所有者ということだ。

もう少し教えておこうか」

「うん」

あかねは会社や世の中の仕組みについてもっと知りたいと思った。

「じゃあ、ここはあかねの奢《おご》りな」

「せこっ」

アルバイトらしい若いウェイターが2人のコップに水をつぎ足してくれた。

ウェイターが立ち去ると龍一が話し始めた。

「株主は何のために会社に出資すると思う？」

「そりゃ、父さんが私のことを応援したいからでしょ」

「おまえは本当にかしこいんかアホなんかわからんなぁ。裏の裏まで読んでそんな答え方してるのか？」

「父さんの子だからね〜」

「一般的に株主は自分のお金を増やしたいから株式投資をする。お金を運用して増やす方法はいくつもある。定期預金に預けたり国債を買ったりするのも自分のお金を増やしたいからだ。定期預金に預けると利息がつくけど、株式に投資するとどんなリターンがあると思う？」

「そりゃ配当でしょ」

「わかっとるやんか。配当だ。お父さんは１００万円を定期預金に預けていたら確実に1年後に利息を受け取れる。けど、あかねの会社に投資すると、あかねの会社はうまくいくかどうかわからんから配当がもらえるかどうかわからない。つまり、リスクが高いわけや」

「失礼な言い方ね」

「株主はリスクが高い投資をするんだから当然高いリターンを期待する。つまりだ、株主には定期預金の利率よりかなり高い配当をしなければならないということだ」

「資本金は支払う配当の利率が高いうえに議決権を持たれるんだったら、お金を集めるには利率も低くて議決権もつかない借入金で集めたほうがいいってことじゃぁないの？」

「そういうわけでもない。借入金でお金を集めた場合、会社が赤字になっても利息を支払わなければならないが、資本金でお金を集めた場合は赤字が続いて欠損状態なら配当しなくてもいい」

「そういうことかぁ。世の中うまくできてるわね」

「というわけだから、あかね社長には株主として最低５％、できりゃあ10％の配当はお願いしたいね」

「父さんは１００万円の出資だから、５万円か10万円っていうことね。簡単な話じゃない」

「おっ、言ったな。よく覚えとくぞ。もし、10％の配当をしようと思えば、あかねの出資分も含めて資本金は３００万円だから、その10％つまり30万円の配当原資が必要だってことだからな」

「いまの事業計画からすると極めて簡単な気がするけど」

「自信満々やなぁ。それほど自信があるなら、俺の手帳に『1年後、お父さんに10万円の配当をします』とボールペンで書いといてくれ」

そう言って龍一は手帳を取り出し、手帳のメモ欄を開いてあかねに差し出した。

「本気で言ってるの？」

「もちろんや。ビジネスに口約束は禁物やからな」

あかねはカバンからボールペンを取り出し、龍一の手帳に「1年後、寺坂龍一に10万円を配当します」と書いて、日付と自分の名前を書き込んだ。

「最後にひとつ聞いていい？」

「ああ、なんだ？」

「この資本金て、すぐに使っていいの？」

「そういう質問するヤツ多いんだよな。資本金っていうのは何か会社の特別なお金で、金庫かどこかに大切に保管しておくお金だと思ってるヤツ。実際のビジネスを知らずに机の上だけで簿記の勉強をしているような人間がときどきそんな質問してくるなぁ。もちろん資本金はすぐに使っていい。っていうか、資本金を使って事業を行い、株主のためにその資本金を増やしていくのが資本主義社会のビジネスの仕組みや。まあ、そのあたりのことは実際に事業が始まって、会計の勉強をする頃にもう一度しっかり説明したるわ。いずれにせよ、今日の収穫はただでコーヒーが飲めたうえに、1年後の配当金10万円を新社長さんに約束してもらったことやなぁ」

「大丈夫。任せといて！」

「頼もしいね。じゃ、そろそろ帰ろうか」

「うん」

SCENE
3

3月中旬

銀行

新会社への融資を断られる

どんぶり勘定の収支計算書

あかねは銀行で自分の名前が呼ばれるのを待っていた。というより、「自分の番号が呼ばれるのを待っていた」といったほうが正確だろう。その銀行は、受け付け順に番号が書いた紙が配られ、順番がきたら番号が自動音声で呼ばれるシステムになっていた。

あかねには事業計画があった。有り金をすべてはたいて会社は設立したものの、資本金だけではあかねが考えていた事業計画を実現できなかった。そこで、あかねは銀行に融資のお願いに来ていたのだ。

あかねの番号が呼ばれ、担当者があかねのところに近づいてきた。50歳くらいの細身の男性だった。彼はあかねを見て少し驚いた様子だったが、それをあかねに気づかれまいとするかのようにすぐに愛想のよい表情に戻した。

　しかし、あかねは担当者の表情の微妙な変化を見逃さなかった。会社を興して融資のお願いに来たと案内係の女性に伝えていたので、あかねが予想に反してあまりに若かったのでビックリしたのだろう。担当者は間仕切りの向こうの打ち合わせテーブルにあかねを案内し席を勧めた。

　あかねはストーンビジネスの概要を説明した。あかねには主にオーストラリアだけで販売されている特殊なストーンに関して特別の伝手《つて》があった。そのストーンはあかねと同世代の女の子には必ずウケると確信していた。これからこのストーンビジネスを本格的な事業にしていくために資本金３００万円で会社を設立したが、設備導入資金が足りないので２００万円を融資してもらいたいとお願いした。

「寺坂さん、と言われましたっけ？」

　担当者がおもむろに話し出した。

「寺坂さんの事業計画はわかりましたけど、寺坂さんはこの分野でのビジネス経験がおありなんですか？」

丁寧な言葉遣いではあったが、何か冷たい、あまり関わりを持ちたくないといった感じの言い方だった。

「はい、もちろんです」

あかねは準備していた収支計算書をカバンから取り出しテーブルの上に置いた。

あかねは子供の頃からの親友である神崎良江と一緒に、3年ほど前から土日を中心に路上でストーンの販売をしてきた。路上で始めたストーン販売はすこぶる好調で、いまでは知り合いのお店の一角にストーンを置かせてもらっているが、そこでの売れ行きも好調であった。

テーブルの上に置いた収支計算書は、これまでの販売実績を月ごとに示したものだった。あかねは、売上高と仕入高だけでなく、ストーン販売に関連した事務用品費や交通費まで事細かに記帳していた。嘘も漏れもない完璧な収支計算書だという自信があった。

あかねはその収支計算書を担当者に見せながら、

「1日で10万円も売れたこともあります。それに口コミで売上も順調に増えてき

図1-1　あかねが持参した収支計算書の中の1ページ

20X1年8月の収支計算書　（単位：円）

収入		
	売上高	328,600
	収入合計	328,600
支出		
	仕入高	167,000
	事務用品費	1,200
	交通費	4,260
	雑費	2,600
	支出合計	175,060
残高		153,540

ています！」

と自信を持って言った。（図1－1）

　担当者は月ごとに綴じられた収支計算書をペラペラとめくって言った。

「人件費はどこに記入されてるの？」

　担当者の物言いが急にぞんざいになった。

「人件費ですか？　あの、私も一緒にやっていた友人も会社に勤めながら土日にストーン販売をしていましたから人件費はとっていません」

「お店の一部を借りて販売してるんだったよね。お店の賃借料は？」

「知り合いの人のお店なので、ご厚意で賃借料なしで商品を置かせてもらっています」

「あのねぇ。これじゃぁ、このビジネスが儲かるかどうかなんてわかんないじゃないですか。困るなぁ」

担当者は「子供の相手をしているヒマはないんだよ」とでも言いたげな迷惑そうな顔で言った。

「よくあるんだよね、こういうのって。『大学の学園祭でお好み焼き屋をやってすごく儲かったのでビジネスにします』ってなことを言う人。それで、その儲かったっていう話を聞いてみると、売上高から材料費を引いただけで儲かったって言っている。自分たちが働いた人件費のことも考えてない。人件費だけじゃなくて、実際のビジネスにするなら店舗も必要だし広告宣伝も必要。大学祭は場所代も無料だし、広告宣伝をしなくても人は自然に集まってくる。学園祭で儲かったっていってもビジネスにして儲かるはずがない。ビジネスの仕組みがまるでわかっちゃいない。

この収支計算書はそれと同じじゃないの？　それに、いま聞いた寺坂さんの事業計画によると設備投資するんだよね。その設備投資と毎年の利益の関係ってどう考えてるの？　たとえば、ディズニーランド[12]はある年にアトラクションの設備

12……ディズニーランドを運営しているのは株式会社オリエンタルランドという会社である。

に莫大なお金を使うことがあるけど、毎年コンスタントに利益を出している。これってどういうことかわかってる？」

「……」

「減価償却[13]のことなんか全然考えてないんだろうな」

担当者はあかねが持ってきた収支計算書に目をやりながら独り言のように言った。ビジネスの世界では当たり前というような担当者の口ぶりだった。

あかねは「減価償却」の意味を正確には理解していなかった。銀行に来たときはピンと伸びていたあかねの背筋が小さくまるまっていった。

しばらくの沈黙があってから担当者が言った。

「まぁ、お話は伺いました。うちの銀行では融資の判断はすべて本部がやっていますので、一応本部に情報は上げておきます。1週間以内には融資の可否のご連絡をします」

「あ、ありがとうございました」

あかねは逃げるようにして銀行を後にした。

融資の可否の連絡は1週間もしないうちにきた。答えは言うまでもなかった。

13……減価償却の仕組みについては後で詳しく説明する（196〜200ページ）。

SCENE

4

3月下旬

祖父の自宅

おじいちゃんに融資を依頼する

会社は信用がすべて

あかねの祖父の家は千葉県市原市にあった。浦安から市原に向かう電車の窓からは満開の桜がところどころに見えた。少し霞《かすみ》がかかったようなおだやかな日だった。

あかねは窓の外を眺めながら、銀行でのことを思い出していた。最初の銀行で恥ずかしい経験をしてからもいくつかの銀行を回ってみたが、どこも同じような対応だった。会計の本も少し読んではみたもののあまりよくわからなかった。あかねはすでに勤めも辞めているので、会計の勉強なんかより早く事業を前に進めなければならなかった。

あかねは金融機関からの融資を受けるためにはどうすればいいのか、元銀行員だった祖父に相談するため、千葉の祖父の家に向かっていたのだった。

ゴルフ好きの祖父は銀行を定年退職してしばらくしてからこの地に引っ越した。千葉県市原市近辺にはゴルフ場がいっぱいある。祖父の家は駅の近くの新興住宅地の中にあった。住宅メーカーがテレビで宣伝しているような整然とした街並みの中にあるモダンな家だった。ただ、バブル崩壊後、計画していたように人口が増えていないせいか、家が建っていない区画があちこちにあり、街全体が少し寂しい感じがした。

あかねは小さい頃から祖父の家にしょっちゅう遊びに来ていた。自転車に乗れるようになったのも祖父の家に来ていたときのことだったし、ローラーブレードもここで練習した。祖父の家は築後20年近く経つのに部屋の中は新築のままのようだった。小さな子供がいないから家も傷まないのだろう。

「どう？　このコーヒーうまいだろう」

いつもの優しい声で祖父が言った。祖父は昔からいつも笑顔だった。

「うん、いい香りだね」

「近くに面白い店があってな、その店長さんは自分で南米やアフリカに豆の買いつけに行ってるんだって。インターネットのおかげで世界のコーヒー農場の情報が簡単に入手できるようになったんだ」

「スゴイ人がいるんだね」

　こんな田舎でも世界とつながっている。世界はどんどん小さくなっているとあかねは思った。

「俺ほど、スゴかねぇけどな。ハッハハハハ」

　祖父の会話にはいつもユーモアと笑いがあった。

「で、今日は何の用だい？　この前の電話で、折り入って話があるっていうから、結婚でも決まったのかなって、ばあさんと話してたんだ」

「そんなの全然よ。彼氏だっていないもん」

「そうか。できれば早く結婚して子供を産んでほしいな、おじいちゃんとしては。生きてるうちにひ孫を抱っこしたいからな」

「おじいちゃんは元気だから、まだまだ大丈夫でしょ」

しょっちゅうゴルフをしているせいか、祖父の顔は日焼けしてツヤツヤしていた。83歳なんてどう見ても思えない。70歳代前半と言われても不思議ではない。いつも笑顔でいるのも若さの秘訣かもしれない。

「実は私、会社を立ち上げることにしたの」

あかねはひざに両手を置き、あらたまって言った。

「ああ、龍一からそれとなく聞いていたよ」

「えっ、そうなの。じゃあ、細かい説明は後にして本題から最初に言うわね」

あかねは昔から、男の子のようにサッパリしていて大胆なところがあった。もともとは銀行から融資してもらうにはどうすればいいか相談するつもりだったが、いちかばちか、あかねが本当にお願いしたいことをズバッと切り出した。

「おじいちゃん、私の会社に２００万円融資してほしいの」

あかねは祖父の目を真正面からじっと見て言った。

祖父もあかねの目をじっと見たまましばらく何も言わなかった。

だが、すぐにいつもの祖父の優しい顔に戻った。

「いいよ。２００万円の融資ということだな」

あかねは、祖父の返事にビックリした。

「えっ、いいの？　まだ事業の内容とか何も説明してないのに……」

祖父の顔がまた真剣な顔に戻っていた。祖父はもともと銀行マンだった。サラリーマン時代の祖父はこんな厳しい顔で仕事をしていたんだろうなと思った。

「あかねはおじいちゃんのところに来る前にいくつも金融機関を回ったんだろう？」

「そうなの。たくさん回ったわ。でも、いくら熱意を持って事業計画を説明してもどこも門前払いだったわ」

「銀行のヤツらはひどいヤツらだと思ったろ。でも、そうじゃない。銀行はお客様からお金を預かってそのお金を運用して稼いでいるんだ。もし、銀行が海のものとも山のものともわからない人たちにお金を貸してそれが戻ってこなかったら、銀行にお金を預けている人たちはどう思う。銀行には銀行の責任があるんだ。国が直接的に関与し、中小企業などの金融支援を積極的に行っている日本政策金融公庫[14]でさえ、新規開業ローンに関しては創業しようとしている業種と同じ業種での6年以上の経験が必要といった条件がある。事業を行うには経験と実績を踏ま

14……日本政策金融公庫（日本公庫）は、2008年10月1日に国民生活金融公庫・中小企業金融公庫・農林漁業金融公庫と国際協力銀行の国際金融部門が統合され、政府が全株を保有する株式会社日本政策金融公庫として設立された新しい金融機関。

えた信用が必要なんだ」

あかねは、銀行マンを40年近くやった祖父の、仕事に対する誇りを感じた。

「じゃあ、どうしておじいちゃんは私への融資をすぐに決めてくれたの？」

あかねは恐る恐る尋ねた。

「あかねを信用してるからだよ。あかねが生まれたときからおじいちゃんはあかねのことを知ってる。責任感が強く、友達思いの性格だ。あかねだったら、困難に直面しても逃げ出さずに頑張るだろうし、たくさんの人があかねを応援してくれるだろうと思ったからだよ」

あかねは祖父の言葉を聞きながら胸が熱くなった。

「誰もお金を貸してくれないから悔しかったろうし不安でいっぱいだったろう」

あかねを包み込むような優しい祖父の言葉だった。まっすぐに祖父を見つめているあかねの目に、涙がじわっとたまった。でも、あかねは泣かなかった。

「昔の金融マンは事業の内容に融資してたわけじゃない。信用できる人間に融資していたんだ。今回も同じだ。あかねがどんな事業をやるかより、あかね自身がどんな人間であるかのほうが大切だ。ビジネスで最も大切なのは信用だ。おじいちゃんはあかねという人間に２００万円融資することに決めたんだ」

「おじいちゃん、ありがとう」

胸が詰まって言葉がうまく出なかったが、やっとのことでそれだけ言った。

「あかねはもう覚悟ができているだろうから、いまは何も言う必要はないかもしれない。ただ、おじいちゃんはいままでにたくさんの人が起業しては失敗していった例を見てきた。本当にたくさんの数だ。ほとんどの事業が失敗したといっていいくらいだ。新しく設立された会社は1年以内に60%が倒産し、5年以内に80%が倒産し、10年以内に95%が倒産する。これが現実だ。あかねを不安にさせようと思って言ってるんじゃない。これがおじいちゃんが見てきた世の中の現実なんだよ。人間には夢や希望が必要だ。それがないと人生がしぼんでしまう。しかし、同時に現実も直視しておかねばならない」

厳しい話だが、祖父が心底あかねを心配して言ってくれているのはよくわかっていた。

「おじいちゃんはあかねを信用してお金を貸す。けど、この融資自体は完璧にビジネスライクにやらしてもらうよ」

あかねもそうしてもらいたいと思った。

「会社の名前はなんて言うんだっけ？」

「株式会社シースリー（C^3）よ」

「洒落《しゃれ》た名前じゃないか」

「ありがとう」

「じゃぁ、株式会社シースリー（C^3）に対しての融資200万円。返済期限は1年後、利息は年5％。契約書も交わしておこう。お金はとても難しい。お金との付き合い方を間違えるとすべてを失ってしまう。信頼関係も人間関係も本当にすべてが無くなってしまう。約束を守ることで信頼が築かれていくんだ。孫のあかねだからこそ、このことはシッカリ伝えておきたいんだ。

それから、今回の融資はおじいちゃんからあかねの会社への融資だけど、今回の融資に対してあかね自身に連帯保証をしてもらいたい」

「連帯保証？」

「ほっほう。『連帯保証』という言葉を知らないらしいな。経営者としてはまだまだ勉強することがあるな」

あかねは素直に祖父の言う通りだと思った。

「まずは今回の融資の構造をちゃんと説明しておこう。おじいちゃんはあかねを信用してあかねにお金を貸すと言ったが、現実に今回の融資の契約を結ぶのはおじいちゃんとあかねの会社、株式会社シースリー（C^3）だ。

現実のビジネスと同じように、おじいちゃんはあたかも銀行のような立場であかねの会社、シースリー（C^3）に融資するんだ。しかし、シースリー（C^3）はこれからどうなるかわからない。失礼な言い方かもしれないが、あかねの会社は倒産するかもしれない。そうなったらおじいちゃんはシースリー（C^3）に貸したお金を回収することができなくなってしまう。だから、あかね個人に保証人になってほしいということだ。ただ、この保証がただの保証ではなく連帯保証ってことだ。連帯保証とただの保証とは意味が違う。法律的に言えば連帯保証とは抗弁権[15]のない保証ということになる」

「抗弁権？」

「難しい言葉だよな。日常生活では使わない言葉だ。今回の例で簡単に言えば、今回お金を貸している債権者であるおじいちゃんが、連帯保証人であるあかね自

15……債権者が保証人に債務の履行を請求したとき、まず主たる債務者に催告するよう請求する保証人の権利のこと（民法４５２条）。

身に『お金を返してくれ』と言ったとき、あかねは『それはシースリー（C^3）という会社への融資だから会社に請求してくれ』というような抗弁権がない保証のことなんだ。つまり、連帯保証人の責任は補充的な責任ではなく第一次的な責任ということ。もっとひらたく言えば、連帯保証人になるということはその人本人が借金をしたのと同じ責任があるってことなんだ」

「だったら、直接私に貸してくれたほうが簡単じゃないの」

「あかね個人に直接貸して、あかね個人がそのお金を会社につぎ込んでもいいけど、社会の融資の仕組みを知ってもらいたいから、銀行から会社への融資と同じ形にしようと思っているんだ」

「そういうことなのね。ありがとう。連帯保証っていうのは保証じゃなくて、実質的には自分が借金をするのと同じってことなのね」

「そういうことだ。だから他人の借金の連帯保証なんてそう簡単にはするべきじゃないんだ」

　あかねは言葉に注意しながら祖父に尋ねた。

「も、もし仮によ、私が今回の借入に対して連帯保証しないって言ったらどうなるの？」

「一般的に言えば、あかねの会社にはいま何の信用もないから、連帯保証人がいなければ融資自体をしない。貸付金が戻ってこなくなる危険性が高いからな。それでも連帯保証人なしで融資するなら、リスクが高い分だけ利率を上げるだろうな」

「そういうことなのね」

　あかねはいままで知らなかった世の中の仕組みに妙に納得した。

　契約書は祖父が準備して2部あかねに送り、捺印《なついん》して1部を祖父に郵送することになった。

「それと、これ以上の追加融資はしないということも今回の融資の条件だと思っておいてもらいたい」

「わかりました」

　あかねは神妙に言った。

「ところで、龍一はあかねにお金を貸してくれなかったのかい？」

「父さんは１００万円出資してくれた。私が貯金していた２００万円を資本金として入れたから、合計３００万円の資本金でスタートすることになったの」

「そういうことか」

祖父も、この前父が説明してくれた株式会社の議決権のことを考えながらそう返事をしているんだろうなとあかねは思った。

「龍一から聞いたかもしれないが、利益が出なければ配当しなくてもいいが、利息の支払いは利益が出なくても必要だからな。まあ、利息の支払いだけじゃなく、契約書通り１年後には元金と利息合わせて２１０万円をおじいちゃんのところに持ってこなければならないということだ」

「わかった、おじいちゃん。この間、父さんから10％の配当を約束させられたわ」

「龍一は子供の頃からせこい性格だったからな」

父も、祖父にかかったらかたなしだった。人生経験の差かもしれないし、子はいくつになっても子でしかないということかもしれない。

「しかし、若いってことはやっぱりいいなあ。あかねはこれから何だってできる。

若いうちから実績を積み信用を築いておくといい。若いうちから自分の力で何かを作り出した実績がやがて世の中を動かす力になるんだ。40歳まで何も生み出した経験のない人が急に『大きな事業をやります！』なんて言っても、誰もお金は貸してくれないからな」

　あかねには「世の中を動かす」なんて話はピンとこなかったけれど、祖父が言おうとしていることはわかった。

「難しい話はこれでおしまいだ。あかね、今日は泊まっていくつもりで来たんだろ？」

「そのつもり」

「じゃあ、ばあさんが帰ってくるまで、おじいちゃんの演奏でも聴く？」

　祖母はたまたま社交ダンスの集まりがあって出かけていた。

「え〜〜っ、おじいちゃんの演奏って何？　おじいちゃん楽器できんの？」

「ハッハハハハ。1年前からサックスを習い始めたんだ。ヤマハの大人の音楽教室ってやつ。ボケ防止に始めたんだけど最近急に楽しくなってな。楽譜もまったく読めなかったけど、1年も経つと簡単な曲なら吹けるようになる」

そう言って、祖父はサックスの準備を始めた。

「何を聴かせてくれるの?」

「まあ、聴いたらわかるさ」

祖父が吹きだしたのはジャズの定番 ***“You'd be so nice to come home to”*** だった。

あかねの前で祖父がサックスを演奏していることは目を疑うような驚きだったが、あかねはなんだかとってもうれしかった。

サックスの音色を聴きながら、祖父があかねに *“You'd be so nice to come home to.”* と言ってくれているように思えた。その曲は優しくて温かかった。そして、軽やかなテンポなのになにかしら物悲しい響きがした。

第1部のポイント

1 法人とは法律によって
人の権利を与えられた団体のこと。

2 資本主義の論理から言えば
会社は株主のものである。

3 会社の重要な意思決定は
株主総会で行われる。

4 融資を受けるためには
信用が必要だ。

PART

2

第２部

原宿のお店で営業開始

あかねは原宿にお店を借り事業をスタートする。お客の評判はよく、設備を導入して、広告宣伝を行う。

しかし、事業は順調にスタートしたものの、あかねは会計について何の知識もなかった。

あかねは経営コンサルタントをしている父、龍一から会計について学び始める。龍一は、お小遣い帳や家計簿といった現金の出入りを表す収支計算書を使って企業会計を説明していく。それはいままで世の中になかった斬新な会計の勉強法だった。

SCENE 5

4月初め

原宿のお店

開店に必要なお金は？

現金の管理（収支計算書）が基本

　もう時計の針が夜の10時を指そうとしているのに、あかねはまだお店にいた。本当にありえないような偶然が重なって、原宿の路地裏に小さな店舗が借りられたのだった。路上販売から始め、知り合いの店舗の一角に商品を置かせてもらうという商売しかしたことがなかったあかねにとっては、自分の店を持てるということは夢のような出来事だった。それも、若者の街、原宿に。

　店にはあかねの小学校からの友達の神崎良江が一緒にいた。良江は高校を卒業してから事務員として小さな会社に勤めていたが3年ほど前に退職し、それ以降は派遣でいろんな会社を転々としていた。はきはきしていて、明るい印象を与える彼女は、面接に行けばどこでも採用してくれた。しかし、どの会社の仕事にも興味が持てず、あかねが留学から帰ってきてからは会社の仕事は二の次で、土日を中心に2人でアクセサリーの販売に精を出していたのだった。

オープンはもう間近に迫っており、2人は朝からお店で開店の準備をしていた。商品の陳列だけでなく、近隣の店舗への挨拶、税務署や役所への届出書類の提出など、やらなければならないことは山ほどあった。しかし、会社勤めのときとはまったく違う。同じ雑務なのに仕事の感覚がまったく違うのだ。人に指示されてする仕事と自分の意思でやる仕事はこんなにも違うのだ。

手際よくアクセサリーの配列をしながら良江が言った。

「なんだか今日は街に新入社員っぽい子がたくさんいたね」

「そうだね。みんな初々しかったね」

期待と不安でいっぱいの新入社員の姿は、まさにいまのあかねと良江の姿に重なっていた。

「良江、もう今日はそろそろ終わりにしない？　良江は家が遠いからこれ以上遅くなるとおばちゃんが心配するよ」

小学生のときからの友達なのであかねは良江の母のことをよく知っていた。

「全然、大丈夫なんだけど。まあ、これから先が本当の勝負だから今日はこれくらいにしておくか。あかねも一緒に帰る？」

「ううん、私はもうちょっとやっておきたいことがあるの」

「あかねは昔から頑張り屋さんだったし責任感強かったからね〜。じゃあ、私は先に帰るね」

そう言って良江はおもむろに帰り支度を始めた。

「ばいばい、お疲れさま」

「気をつけてね。おばさんによろしく」

「うん、じゃあね」

あかねは開店準備をしながらも、会社の会計のことがいつも頭から離れなかった。事業の数値管理はあかねの仕事だし、金銭面での最終的な責任はあかねが負わなければならなかった。ところが、あかねには会計の知識がまったくなかった。簿記の勉強をしたこともない。会計の入門書は読みかけたことがあったが、途中でわからなくなった。お金の表と言えばお小遣い帳しか知らない。「収入」「支出」「残高」という、現金の出入りが書かれた帳面しか見たことがなかったのだ。

いままでは開店準備でそれどころではなかったけれど、開店の目処《めど》が立ちだすとしだいに会計のことが気になりだしていた。

「もしもし、あっ、父さん？」

「どうした急に？　何かあったのか？」

「いや、特になんでもないんだけど。まだお店にいるの」

「もう、10時じゃないか」

龍一は自宅のリビングの時計に目をやりながら言った。

「ゴメンね、ビックリさせちゃって。開店の準備は順調なんだけど、急に会計のことが気になってきて……」

「あかねらしいな」

「この前、お店の賃借料を払ってきたの。賃借料は月10万円で敷金[16]も礼金[17]も要らなかったんだけど、いろんな経緯から1年分前払いすることになって１２０万円をいっぺんに払ったの。仕入れのお金も出ていってるし、どんどんお金は減って

16……不動産を借りる際に、賃料の滞納があったときなどのために借主が貸主に預けておくお金のこと。基本的に解約時に返してもらえるお金だが、現状復帰費や修繕費を差し引いてから返金されることがある。

17……礼金は、主に関東地方において不動産を借りる際に賃借のお礼の意味で借主が貸主に支払う一回限りの料金。基本的に解約時に戻ってこないお金である。

いるわ。社長として会計の勉強をしておかなくていいのかなって不安になって。銀行に融資のお願いに行ったときも『収支計算書だけじゃダメだ』って言われたし……」

「心配するな。収支計算書だけじゃ最終的にはダメだけど、銀行が『収支計算書だけじゃダメだ』と言ったのは、人件費や減価償却費などすべての費用が入っていなかったからだろ？　つまり、会社をつくる前までのあかねのストーン商売の収支計算書はどんぶり勘定だったたっていうことだ」

「どんぶり勘定って？」

「細かい計算などしないで、大まかにお金を出し入れするってことだ」

「私はちゃんと収支計算書をつくってたよ」

「でも、あかねや良江ちゃんの人件費は記載していなかったんだろ」

「だって、実際にお金が出ていったわけじゃないもん」

「確かにそうだ。しかし、あかねや良江ちゃんが働いて売上をあげていたんだから、事業としての正しい利益を計算しようと思えば、あかねや良江ちゃんはちゃんと給料をとって、その人件費は費用として認識しておかなければならない」

「じゃあ、事業に関連するすべてのお金の出入りが完全に記帳されていれば収支計算書だけで大丈夫なの？」

「そういうわけでもない。商売にはお金の動きのない取引もある」

「お金の動きのない取引？」

「そうだ。そこが収支計算書しか知らない人にとってはわかりにくいところだ。でも、それはお父さんが近いうちにゆっくり教えてやる。会社は最終的に会計のルールに則った帳簿をつくる必要があるが、会計自体は難しいもんじゃない。収支計算書と企業の会計の大きな違いは2つだけ。伝票の整理の仕方と、現金の動きのない取引の処理だけだ。収支計算書が理解できるヤツなら必ず企業の会計は理解できる。心配するな」

「うん」

「いまは寝る時間も惜しいくらい忙しいいんだろ？　いまは確実に売上をあげるための準備に集中しなさい。いま会計の勉強なんかしても売上はあがらないぞ。いまあかねの会社に一番大切なのは売上だ。売上があがらずに現金がなくなったらあかねの会社はおしまいだ。いま何が大切なのか、いま何をすべきなのか冷静に見極めないとダメだ」

「うん、そうだね」

「ただ、会社の伝票だけはキッチリ保管しとけよ。取引や現金の出入りは必ず書面か伝票で残しておきなさい。書類や伝票さえしっかり揃っていれば決算書は税理士さんがつくってくれる。なんなら父さんが格安で請け負ってやってもいいぞ」

「父さんの話は、最後に必ずお金の話になるのね」

　あかねがあきれたように言った。

「ハッハハハ、冗談、冗談。それよりそろそろ帰っておいで。経営者は体調管理が一番大切だ。あかねが倒れたら代わりはいないんだから。晩ごはん食べたのか?」

「ううん、まだ」

「お母さんがおまえのために晩ご飯を用意してくれているぞ。今日はあかねの好きなロールキャベツだ」

「ありがとう。会計のことも少し安心した。じゃあ、もうちょっとお店片づけてから帰る。お店を出るときにもう一度電話するね」

「ああ、わかった。母さんにも伝えとくよ」

SCENE

6

5月初め

原宿のお店

広告宣伝を打ちたいけれど

売上と経費の管理

お店がオープンして一か月が過ぎた。オープン直後はドタバタだったがやっと仕事にも慣れてきた。

あかねはオープン前、「お店に誰もお客様がいなくて、自分ひとりがレジの後ろに暗い顔をして座っている」という嫌な夢を何度も見た。しかし、実際には予想していた以上にたくさんのお客様が来てくださっていた。売上も順調に伸びていた。

店を閉め、帰り支度をしていた良江に向かってあかねが言った。

「今日の良江の接客、『ナイス』って感じだったよ」

「え？　何のこと？」

「今日お店に来てくれた幼稚園くらいの女の子に『大人は５００円だけど子供は２００円だよ』って言ってたじゃない」

「あぁ、あれか～」

　昼過ぎにおばあちゃんに連れられて小さな女の子がお店にやってきた。良江は、その子とおばあちゃんの会話をそれとなく聞いて、その子が間近に迫った母の日のプレゼントを探しにきていたのは知っていた。その子が小さなストーンを手の平に乗せて「これいくらですか？」と聞いたときの良江の返事が「大人は５００円だけど子供は２００円だよ」だった。

　良江とあかねは、そんな些細《ささい》なことに自分たちで商売をやっていることの幸せを感じていた。

　良江はそのときのことを思い出してうれしそうに帰り支度をしていたが、ふと何かを思い出したかのようにあかねに向かって言った。

「あかね、お店の広告出したほうがいいんじゃない？」

「何よ、『広告なんか出さずに中身で勝負する店にしましょう』って言ってたのは良江じゃない」

良江はガラになく気取った口調で言った。

「ドラッカー[18]は『マーケティングの理想は、販売を不要にすることである』と言ってるわ。それはつまり営業しなくても売れるような商品やサービスをつくることがマーケティングということなのよ」

あかねはいまの言葉が良江の口から出たものとは思えなかった。それほどまでに良江は勉強とはほど遠い存在だった。

目を丸くして良江を見ているあかねの心を読み透かしたように、舌を出して良江が言った。

「なんて、まだ入門書を読み始めたばかりなんだけどね」

良江は話を続けた。

「営業しなくても売れるような商品やサービスをつくることが一番大切なことは間違いない。でもね、私たちの商品はすでにお客様の心をつかんでいるわ。そうなら、もっと多くのお客様にこの店の存在を知らせなきゃって思うの」

18……ピーター・F・ドラッカー（1909－2005）ビジネス界に最も影響力があった思想家。『現代の経営』『マネジメント』などマネジメント分野の著書多数。

「良江、それ本気で言ってるの？」

まじめそうな面持ちで話していた良江の顔が、いつものひょうきんな顔に戻っていた。

「バレてた？　やっぱり、会社は売上でしょ。売上が上がれば私の役員報酬も上がるんでしょ？」

「良江はやっぱり相変わらずだな〜。まっ、そのほうが良江らしいけど」

「私の報酬アップのことも本音だけど、来月には届くんでしょ、わが社の秘密兵器。日本で誰もやってないんだよ。お客さんのためにも知らせてあげなくちゃ。これも偽《いつわ》りのない私の本音よ」

「その気持ちも良江らしいけどね」

「ありがとね。じゃあ、広告宣伝のこと考えといてね。ばいばい」

そう言って、良江はさっさと帰っていった。

あかねは「確かにそうだ」と思った。来月には間違いなく届く。荷物がドイツの港を出たとの連絡は入っていた。日本では初めてだから紹介しないと誰もその存在さえ知らないのだ。

ただ、経費はできるだけ少なく抑えておきたかった。スタートは順調だったけど将来どうなるかなんてまだ何もわからない。今月末には良江に役員報酬を支払うが、現時点ではそれも最低限に抑えようと思っていた。

あかねは龍一に言われた通り、取引に関する書類や伝票はちゃんと整理していたので、いままでのお金の動きを確認しておこうと思った。会計の知識のないあかねはお小遣い帳、つまり収支計算書の形でいままでのお金の動きを確認してみることにした。（図２－１）

あかねの資本金２００万円と龍一の資本金１００万円を合わせて資本金が３００万円、祖父からの融資が２００万円、それに4月の売上が１００万円で、現金収入は合計で６００万円。それから商品の仕入代金50万円と事務所の賃借料１２０万円を支払ったので、現在４３０万円が手元に残っている[19]。

この数字から考えると、今後のことを考慮しても30万円程度の広告宣伝費ならどうにかなるような気がした。広告宣伝費に30万円を使うということは、この広告宣伝の効果で30万円以上の利益があがらなくては意味がないということ。いま

19……現実的には、会社の登記費用や事務用品費などの費用がかかっているが、今後の会計の勉強を複雑にしないために、この物語ではそれらは割愛している。

図2-1 広告宣伝をする前までの収支計算書 (単位：万円)

収入		
	資本金(あかねと龍一)	300
	借入金(祖父)	200
	売上代金	100
	収入合計	600
支出		
	商品の仕入代金	50
	事務所賃借料	120
	広告宣伝費	
	支出合計	170
残高		430

までのストーン販売では、50万円で仕入れた商品で100万円の売上をあげていたのだから利益率50%。ということは、30万円の広告宣伝費を使うなら、30万円以上の利益のアップ、つまり60万円以上の売上アップが期待できなければ広告宣伝をする意味がないということだ。

あかねは、確証はないものの、30万円の広告宣伝は60万円以上の売上アップにつながるとなんとなく感じていた。

あかねは広告宣伝費として30万円を使うことに決めた。

SCENE

7

5月下旬 …… あかねの自宅

秘密兵器の導入で会計はどうなる?

収支計算書の限界

「ただいま〜」

あかねの声がやけに明るい。

「おかえりなさい」

「おかえり」

順子と龍一が同時に言った。2人は居間でテレビのニュースを見ていた。最近は中国企業のニュースばかりだった。あかねの家はマンションの高層階なので、5月末とはいえ夜になるとかなり涼しい風が吹き込んでくる。開け放した窓からの風がカーテンを揺らしていた。

「今日はわが社にドイツから秘密兵器が届いたのよ」

「秘密兵器って何なの？」

順子が興味深そうに聞いた。順子は当初こそあかねの起業に反対していたが、実際に事業が始まってからは腹もすわったようで、最近は前向きな気持ちで応援しようとしていた。

「小型の精密レーザー加工装置」

「レーザー加工装置？」

「そう。お店で売ってるストーンにレーザーで名前や模様が入れられるの。もともと半導体製造のために開発された技術を応用して廉価版にしたものなの。廉価版っていっても300万円もするんだけどね」

「まぁ、300万円も。でっ、なんでそれが秘密兵器なの？」

「だって日本に導入するのはうちが初めてなのよ。誰もやってないの。早速今日お店で装置を試してみたけど、操作はコンピューター制御で、文字や絵が瞬時に加工できるの。もう、良江と一緒に興奮しちゃって、お店を閉めてからシースリー（C^3）の前途を祝して前祝いをしてきたの。これからスゴイことになるわよ」

あかねは興奮さめやらぬといった感じだった。

「ちょっと着替えてくるわね」

そう言って、あかねは自分の部屋に入っていった。

普段着に着替えたあかねは1枚の紙と筆箱を手にして居間に戻ってきた。さっきとはうってかわって落ち着いた口調で龍一に言った。

「父さん、ちょっといい？　今日帰りの電車の中で思ったんだけど、あのレーザー加工装置の費用って、事務所の賃借料や広告宣伝費とは少し種類が違う気がするんだけど」

龍一は座っていたソファーから降り、床の上であぐらをかいて、目の前の低いテーブルであかねと話をする体勢になった。

「これが、4月末までの収支計算書に今回のレーザー加工装置の代金支払いを加えたものなんだけど」

と言って、あかねは1枚の紙を龍一の前のテーブルに置いた。(図2－2)

「資本金300万円とおじいちゃんからの借入金200万円、合計で500万円あった資金がアッという間に１００万円になっているということか」

と、龍一が言った。

「手元には１００万円しかないけど、1年分の賃借料は前払いしてるし、売上は順調だからこのままでいけばたぶん資金繰りは大丈夫だと思うの。今日聞きたいのは、この設備代金の取り扱いのこと。広告宣伝費は実際に広告宣伝をしてもらってその対価として支払ったものでしょう。事務所の賃借料だって1年間の事務所の使用料として支払うもので、もし来年契約しなければ来年からは事務所も借りられないかわりに賃借料も出ていかない。でも、レーザー加工装置は今年３００万円の代金を支払うけど、設備自体はずっと残っていて使い続けるじゃない。広告宣伝費などとは何か種類が違う感じがするのよね」

図2-2　設備導入までの収支計算書

（単位：万円）

収入	
資本金（あかねと龍一）	300
借入金（祖父）	200
売上代金	100
収入合計	600
支出	
商品の仕入代金	50
事務所賃借料	120
広告宣伝費	30
設備代金	300
支出合計	500
残高	100

「いいところに気がついたなぁ。これも女の勘なのかねぇ」

「何バカなこと言ってるの」

と、あかねは龍一をたしなめるように言ったが、あかねは龍一に褒められたので少しうれしそうな顔をしていた。

「広告宣伝費のように年度[20]内に使いきるものと、何年にもわたって使うものとでは会計上の取り扱いは違う。収支計算書だけでは何年も使う装置などを正確に記載しておくことは無理なんだ。このマンションの管理組合の収支報告書は見たことあるか?」

「ないなぁ」

「そうか。ここの管理組合の会計報告は基本的に収支計算書で行われる。あかねのつくった収支計算書と同じく、現金の出入りを記載した表だ。ただ、ここの管理組合はしっかりしているので、収支計算書の他に財産簿もつくっている。ほら、2年前だったか掃除道具などを入れておく屋外の倉庫が設置されただろう。あの倉庫の費用は2年前の収支計算書に支出として記載されている。それ以降の収支計算書には倉庫のことは書かれていない。当然だよな。倉庫の代金を支払ったの

20……ここでの「年度」とは「事業年度」のこと。事業年度とは定款などに定めた営業年度。通常は1年間。あかねの会社は4月1日から翌年の3月31日までを1事業年度と定めている。

は2年前なんだから、それ以降の収支計算書には何も表れない。しかし、倉庫はいまも使っている。だから、財産簿という書類をつくって、管理組合がどれだけの財産を持っているかを表しているんや」

「なるほどね」

「ついでに言っておくと、借入金も収支計算書だけでは書ききれない」

図2-3　借金をして自動車を買ったときの収支計算書　(単位：万円)

収入	
借入金	200
収入合計	200
支出	
自動車代金	200
支出合計	200
残高	0

「どういうこと？」

「たとえば、だ。あかねがお父さんから２００万円の借金をして２００万円の自動車を買ったとする。借金の返済期限は5年で利息は考えないことにしよう。そうすると、あかねの今年の収支計算書はどうなるかというと……」

そう言って、龍一はあかねが持ってきた収支計算書の裏に簡単な表を書いた。(図２－３)

「借入金という収入が２００万円あって、自動車代金という支出が２００万円あって、これで終わりや。でも、自動車が翌年以降も残っているように、借金も実は残っている。返済期間が5年だから毎年40万円ずつ支払っていくとすると、翌期以降の収支計算書には毎年借入金の返済40万円という数字が支出のところに出てくる。もちろん、この借金返済の40万円はどうにかして稼いでこなくちゃならない。もし、翌期に40万円の借金を返済すると、翌期末の借金の残高は１６０万円になる。しかし、その借金の残高の１６０万円という数字は翌期の収支計算書のどこにも現れない。別の表で計算しなければならないんや」

「なるほどね」

「そこで、イタリア人の世紀の大発明があったんや。ジャジャーン！」

「何がジャジャーンよ」

あかねはいつものように「手に負えない」というような顔をして言った。

「15世紀にイタリアのベニスの商人が複式簿記を発明したんや。あかねがいくら会計の勉強をしていないって言っても、ＢＳ（ビーエス）という言葉くらいは知ってるやろ。バランスシートとか貸借対照表とかいうやつや」

図2-4　会社設立時のBS　（単位：万円）

現金	500	借入金	200
		資本金	300

「聞いたことはあるわ」

「そのＢＳがあかねの指摘した問題を解決したんや。どういうことかというと、いま言ったように、収支計算書だけでは何年も使う装置や設備などの資産[21]や、何年にもわたって返済する借金がどれくらい残っているかはわからない。この問題を解決し、それに加えて会社の資本金のことも含めて、会社の資産や借金や資本金がどれくらい残っているかを一目でわかるようにしたのがＢＳなんや」

そう言って、龍一は裏紙になにやらまた新しい表を書き始めた。（図２－４）

「これがあかねが会社を設立したときのＢＳや。ＢＳは右と左に分かれている。右側は「お金をどうやって集めてきたか」が書かれていて、左側に「その集めてきたお金がいまどういう形になって存在しているか」が表されている。集めてきたお金はおじいちゃんからの借入金が２００万円で、資本金はあかねの

21……個人や会社が所有する現金、土地、建物、設備などの財産の総称。

図2-5　借金一部返済時のBS

（単位：万円）

現金	460	借入金	160
		資本金	300

図2-6　レーザー加工装置購入後のBS

（単位：万円）

現金	200	借入金	200
レーザー加工装置	300	資本金	300
左側の合計	500	右側の合計	500

２００万円とお父さんの１００万円を合わせて３００万円だ。そのお金は現金の形で会社に入ってくるから、ＢＳの左側は５００万円になっている」

「これがＢＳなの？」

「そうだ。基本はこれだけだ」

「この状態から借金を返済したらどうなるの？」

「簡単だ。さっきの自動車の例じゃないけど、１年間で借金40万円を支払ったらこうなる。（図２－５）

　右側の借入金は40万円減って、借入金の残高は１６０万円になる。ＢＳの左側は現金40万円返済するわけだから現金の残高は４６０万円になる」

図2-2　設備導入までの収支計算書（再掲載）

（単位：万円）

収入	
資本金（あかねと龍一）	300
借入金（祖父）	200
売上代金	100
収入合計	600
支出	
商品の仕入代金	50
事務所賃借料	120
広告宣伝費	30
設備代金	300
支出合計	500
残高	100

「じゃあ、３００万円のレーザー加工装置を買ったら？」

「うん。それじゃあ、いま説明した借金返済の例は忘れて、会社設立時のＢＳに戻って、そこから３００万円のレーザー加工装置を現金で買ったときのＢＳをつくってみよう。（図２－６）

集めてきたお金はＢＳの右側合計で５００万円。その５００万円のうちの３００万円がレーザー加工装置になり、このレーザー装置の代金は現金で支払ったんだから、現金の残りが２００万円になっている。つまり、集めてきた５００万円が、現金の形で２００万円、レーザー加工装置の形で３００万円、会社の中に存在してますよってことだ」

「なるほど〜。これがＢＳなんだ。でも、私が書いた収支計算書だと、現在の現金の残高は１００万円になってるけど」

図2-7　あかねがつくったBS

（単位：万円）

現金	100	借入金	200
レーザー加工装置	300	資本金	300
左側の合計	400	右側の合計	500

あかねは龍一がＢＳを手書きしていた紙を裏返して、自分がつくってきた収支計算書を確認した。（71ページ図２－２再掲載）

「現金が１００万円ということは、現在の私の会社のＢＳはこうなるわね」

と言って、もう一度紙を裏返して、今後はあかねが手書きでＢＳを書き始めた。（図２－７）

「これでいいの？」

「いや違う。ＢＳの左右の合計は常に一致するんだ」

「どうして？」

「だって、ＢＳの右側には集めてきたお金のことが書いてあって、ＢＳの左側にはその集めてきたお金がいまどういう形になって会社の中にあるかを示しているんだから、ＢＳの左右が一致してないとおかしいじゃないか」

「でも、現金は広告宣伝費なんかを支払って会社に残らないものもあるじゃない」

「そうだ、その通りだな。実はここからが複式簿記の面白いところだ。ただ、ここからの説明はちょっと時間がかかるから日を改めたほうがいい。近いうちにお父さんの事務所に来れる日があるかい？」

「すぐにでも続きを聞きたいところだけど明日は都合悪いから、来週行くわ」

「OK。それじゃ、来週な」

ちょうどそのとき、つけっぱなしにしていたテレビのニュース番組で、キャスターが「それではまた明日。ご機嫌よう。さようなら」と番組の終了を知らせていた。

SCENE

8

6月初め

日本橋の事務所

父に会計の基本を教わる

複式簿記の仕組みと財務3表

龍一は日本橋に事務所を構えていた。

「こんにちは〜」

あかねは事務所の受付で恐る恐る声をかけた。

「おう、早かったな。入れよ」

事務所には龍一しか残っていなかった。

「あれ、父さんひとり？」

「あったりまえだろ。今日は何の日か知ってる？」

「今日は6月3日火曜日、何の日だっけ？」

「おまえ、今日はワールドカップ直前の親善試合で、日本がコスタリカと戦う日だって知らないのか」

「あっ、そうだったね」

あかねは「ワールドカップ」という言葉を聞いて、4年前に南アフリカで行われたワールドカップのことを思い出した。あのとき日本は決勝トーナメントまで勝ち上がった。当時あかねは22歳だった。自分の年齢と変わらない人達が、世界の大舞台で活躍していた。それに比べて自分は小さな貿易会社に勤めるしがないOL。ワールドカップで活躍していた彼らがまぶしかった。あれからもう4年が過ぎていた。

「俺たちもサクサクっと勉強を終えて早く家に帰ろうぜ」

龍一は会議室のホワイトボードの前に立ち、ペンにインクがあるかどうか確認しながら言った。

「りょうかい！」

あかねは敬礼の真似をしながらそう言った後、イスに座りバッグから大学ノートと筆箱を取り出し会議机の上に置いた。

龍一が早速説明を始めた。

「この前、ＢＳについて少し話をしたけど、今日はそもそもＢＳが何を表すかから説明しよう。実はＢＳは組織や個人の正味財産を計算する表なんや。たとえば、お父さんの正味財産がいまいくらあるか計算しようと思えば、まずはお父さんの資産がいまどのくらいあるかを表の左側に積み上げていく。(図２－８)

図2-8　資産の積み上げ

現金 預貯金 株式 家 自動車	

図2-9　正味財産を計算するのがBS

現金 預貯金 株式 家 自動車	住宅ローン 自動車ローン 正味財産

ただし、お父さんが持っているこれらの資産をもともとお父さんが持っていたお金ですべて調達していたのであれば、これはすべてお父さんの財産と言っていいけど、仮に借金をしてこれらの資産を調達していたのであれば、これらがすべてお父さんの財産とは言いにくいわな。この資産からお父さんの借金である住宅ローンや自動車ローンを差し引いた

図2-10「純資産の部」は昔「資本の部」と呼ばれていた

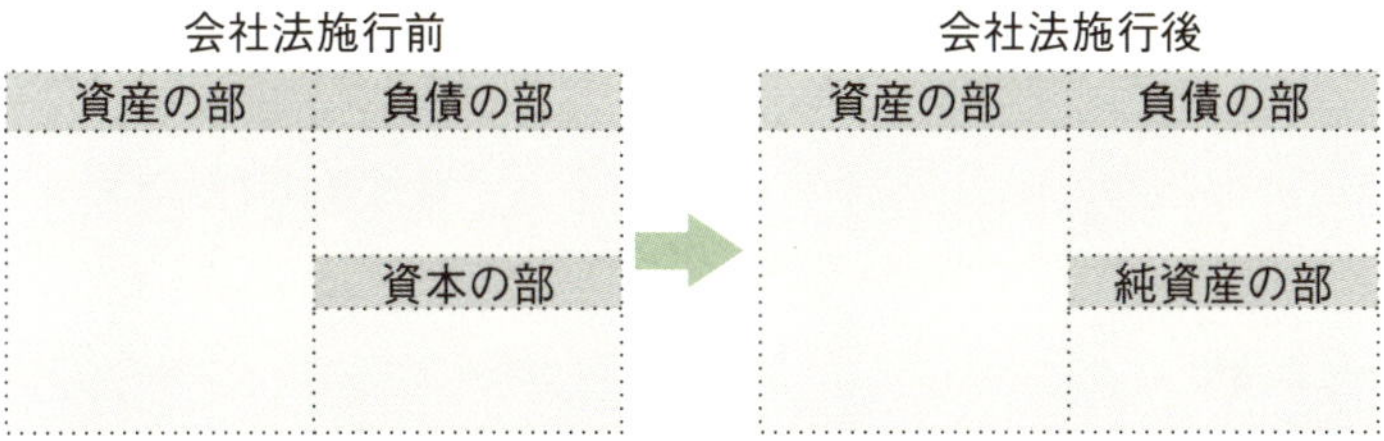

残りが、お父さんの正味財産ということや。この正味財産を計算するための表がＢＳなんや。（図２－９）

会計ではＢＳの左側を『資産の部』といい、右側の上の部分を『負債の部』という。そして、正味財産のところは『純資産の部』と呼ぶんや。２００６年５月に会社法[22]が施行されたんだけど、それ以前は純資産の部のところは資本の部と呼ばれていた。そして、負債と資本を足したら資産になると教えられていたんだが、会社法の施行を機に本来のＢＳの意味するところに立ち返って、資産から負債を引くと純資産なんですよ、ということになったんだ。（図２－10）

だから、この前あかねが持ってきた紙の裏に描いた会社設立時のＢＳをちゃんと会計の書式で描くとこうなる」（78ページ図２－11）

「これがＢＳなんだ。簡単だね」

22 それまでの商法第２編、商法特例法、有限会社法が統合され、「会社法」という名の法律が日本で初めて誕生した。

図2-11　会社設立時のBS

（単位：万円）

資産の部		負債の部	
現金	500	借入金	200
		純資産の部	
		資本金	300
資産合計	500	負債・純資産合計	500

あかねはホワイトボードに書かれたＢＳを見ながらそう言った。

「もう１つ説明しておこう。ＢＳはBalance Sheet の略で、日本で会計を習うと『ＢＳの左右の合計が一致する、つまりBalance するからＢＳという』と教えられるけど、実はそれは間違いなんだ」

「え〜、そうなの？」

「もちろん、左右の合計が一致するのは間違いない。しかし、お金を取り扱う場面でBalance という言葉を使うときは、ほぼ間違いなくBalance は『残高』という意味だ。海外のホテルの明細書の一番下にはBalance と書いてあったろう」

「よく見てないから忘れたけど、そう言えばそうだったかもしれない」

「あのBalance は支払残高のBalance のことだ。なぜ、

BSのことをBalance Sheetというかと言えば、BSは『財産残高一覧表』のことだからだ。つまり、現金の残高はいくら、預貯金の残高はいくら、家の価値の残高はいくら、借金の残高はいくら、正味財産の残高はいくら、というように財産の残高一覧なのでBalance Sheetというんや」(図2－12)

「へぇ〜、そうだったの。なんか妙に本当っぽい説明だなぁ」

「本当っぽいじゃなくて本当の話だ！」

図2-12 BSは財産残高一覧表

(20X2年3月31日)

現金の残高 預貯金の残高 家の価値の残高 ・・・	借金の残高 正味財産の残高

強い語気のわりにはムカついた様子もなく、龍一はそのまま続けた。

「BSには20X2年3月31日というように必ず日付がついている。なぜなら、いついつの財産というように日付を特定しないと財産の計算ができないからだ。BSのことを日本では『貸借対照表』という。複式簿記の勉強をするとまず借方・貸方という言葉が出てきて素人はこの言葉で混乱する。理解するのが難しいので会計の入門書などには、借り方の『り』は左に跳ねるからBSの左側が借方、そして貸し方の『し』は右側に跳ねるからBSの右側が貸方と覚えろなんて書いてある。借り方と貸し方の覚え方としては面白いけど、会計の素人にとって問題なのは、BSの右側の貸方の中に借金が入っていることや。会計の素人は『借金は左側の借方に入るべきじゃないの』なんて混乱して会計の勉強を辞めてしまう人がいる。実はお父さんも昔その口だったんだけどな」(図2－13)

図2-13「借方」と「貸方」

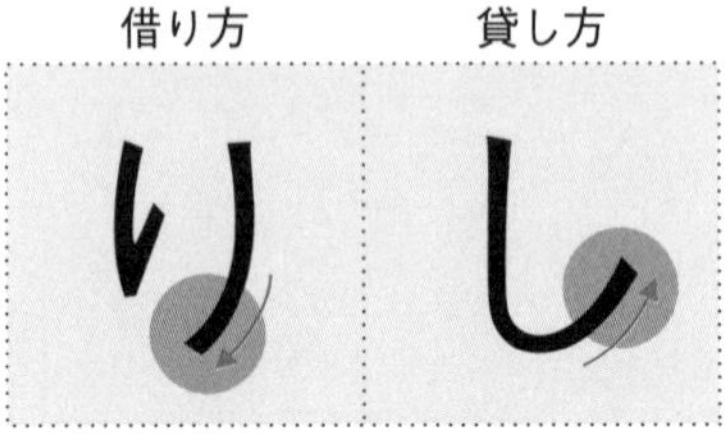

あかねは「会計を教えている父さんだって、昔はその程度だったのか」となんだかホッとした。

「BSは貸借対照表と考えるより、財産残高一覧表だとイメージしておいたほうがいい」

「了解しました」

あかねは以前会計の勉強をしようと思って入門書を買ってきて読み始めたはいいが、すぐに挫折してしまった頃のことをぼんやりと思い出し「どうりでわからなかったわけだ」と思った。

「それはそうと、ＰＬの説明はしたことあったっけ？」

「いや、ないと思うけど……。ただ、ＰＬって言葉は聞いたことあるよ」

あかねは会計の入門書をかじったことがあるからＰＬという言葉くらいは知っていた。でも、ほとんど理解できずに挫折してしまっていたので、龍一には「会計はまったく勉強したことがない」と言っていた。

「ＰＬは英語でProfit and Loss Statement、Profitは利益でLossは損失、Statementは計算書だから、日本語では『損益計算書』、つまり会社の損失と利益を計算した表っていう意味だ」

「そういうことだったんだ。損益計算書なんていうと、とっても難しい感じがするけど、会社の利益と損失を計算しているだけなんだ」

「そうだ。ＰＬは1事業年度、通常1年間の利益を計算する表なんや。利益の計算式はこうや」

利益＝収益－費用

「収益[23]はとりあえず売上だと思っておけばいいから、この式は次のようになる」

利益＝売上－費用

「PLの利益計算の基本はこれだけだ」

「これだけ？」

「そう。PLの基本はこれだけだ。実は会計上の利益にはいろいろな種類の利益があるんだけど、それはもっと後から勉強すればいい[24]。PLで一番大切なのは、PLはその期の『正しい利益を計算する表』だということや」

「正しい利益ってどういうこと？　計算間違いせずに売上から費用を引いて利益を計算すれば正しい利益になるんじゃないの？」

「そこがポイントだ。そもそもこの間のあかねの疑問は、広告宣伝費のように使いきってしまうお金と、レーザー加工装置のように買った後もずっと財産として会社に残るものは、会計上の記載方法が違うんじゃないかってことだったよな」

「うん」

23……辞書では、収益とは利益の源泉になる売上高のことと定義されているが、日本の会計基準では、収益は「売上高」と「営業外収益」と「特別利益」の3つからなる。詳細は229ページで説明する。本書ではしばらくの間、便宜的に「収益」＝「売上高」として話を進める。

24……PLの構造については228～233ページで詳しく説明する。

「広告宣伝費とレーザー加工装置では会計上の記載も違うし、その期の費用の考え方も違う。レーザー加工装置は何年にもわたって使うよな。そして、毎年そのレーザー加工装置を使って売上をあげ利益をあげていく。毎年の正しい利益を計算しようと思えば、レーザー加工装置の毎期の費用はどう考えておけばいい？」

「そうか、なんらかの形で毎期、レーザー加工装置の費用を考えておかなければならないってことか」

「その通り。レーザー加工装置の代金３００万円を支払うのはあかねの会社の第１期だけど、毎年の正しい利益を計算しようと思えば、ＰＬの費用としてはレーザー加工装置を使う年限に按分《あんぶん》、つまり分割して認識していくことが必要なんだ」

「なるほど、毎年の正しい利益ね」

「それだけじゃない。たとえば、ある会社が売掛《うりかけ》で商品を販売したとしよう。売掛っていう言葉は説明しなくていいか？」

「掛売りのことでしょ。ストーンの店頭販売は、商品を販売してその場で代金を支払ってもらう現金商売だけど、一般的に会社と会社の取引はそうじゃないもんね。商品を販売してもその代金はしばらく経った後から支払われる。売掛って、商品やサービスは提供するけど、その代金の回収が後から行われるような販売形態のことよね」

「その通りだ。もし、ある会社がある事業年度にすべての商品を売掛で販売して、その代金の回収がすべてその会社の決算期を過ぎて翌期に行われるという約束で販売していたとしよう。このとき、もし会計のルールで『代金の回収があったとき売上として計上する』という決まりになっていたら、その会社のその期の売上は『0』になってしまう。その会社はちゃんと営業活動をして商品を販売しているんだから、正しい営業活動がＰＬに表せなくなっちゃうよな。だから、会計のルールでは、売上として計上するのは代金の回収があったときではなく、商品やサービスを提供したときという決まりにしているんだ。つまり、ＰＬの売上や費用の認識は現金の動きとは関係ないんだ」

「そういうことになってるんだ。だから収支計算書とＰＬは違うのね」

「飲み込みが早いねぇ」

「父さんのＰＬの説明を聞きながら、『ＰＬって収支計算書と同じじゃん』と思ってたの。だって、売上が収入で、費用が支出みたいな感じに思えたから」

「そうだよな。そこが企業会計の1つのポイントなんだ。PLは現金の動きを表す表じゃなくて、正しい利益を計算する表なんだ。それじゃ、ここまでの勉強で、BSとは何か、PLとは何かを一言で説明してみなさい」

龍一が急に先生のような口調で質問を投げかけた。

あかねは落ち着いて、自分の頭を整理するように言った。

「BSは財産残高一覧表で、PLは正しい利益を計算する表」

「よろしい。その通りだ。勉強はまず本質を押さえることが大切だ。いつも『そもそも』ってことを考えるのが大事なんだ」

龍一の言葉を聞いて、あかねはゆっくりと大きくうなずいた。

「BSとPLの本質がわかったところで、次は複式簿記について説明しよう。この前、BSはベニスの商人の大発明だと言ったけど、これから説明する複式簿記こそがベニスの商人の大発明なんや。複式簿記の複式は『2つ』の意味や。簿記は帳簿に記帳するという意味の簿記や。チョット待てよ、複式簿記の説明をする前に、複式でない簿記の説明もしとく必要があるな」

　そう言うと、龍一はあかねを見て言った。

「複式でない簿記でつけられた帳簿って何か知ってるか？」

　あかねはだまって首を横に振った。

「収支計算書だ。収支計算書は複式でない簿記でつけられた帳簿や。単式簿記と言うこともある。つまり、収支計算書はすべての取引を現金の動きという１つの視点（単式）で帳簿に記帳している。一方、複式簿記はすべての取引を必ず２つの視点（複式）から眺めて、この図（図２－14）のように『資産』『負債』『純資産』『費用』『収益（売上）』の５つに分類して記帳していくんや。『資産』『負債』『純資産』はＢＳのところで説明した『資産』『負債』『純資産』と同じや。ここでも収益は売上のことだと思っておけばいい。売上と費用は、利益の計算のところで説明した『利益＝売上－費用』の売上と費用のことや」

　龍一はホワイトボードの該当箇所を指し示しながら言った。

「具体的にどう記帳するか、やってみよう。たとえば、資本金３００万円で会社を設立するときの、資本金３００万円という取引は、純資産のところに資本金

３００万円と記帳して、その３００万円は会社に現金の形で入ってくるから、もう１か所、資産のところに現金３００万円と記帳する」（図２－15）

「収支計算書だったら、収入３００万円と１か所に記帳されるだけだよね。現金の動きだけだから」

「その通りだ。わかってるじゃないか」

あかねは少し得意げだった。

図2-14 複式簿記の5つの分類項目

資産	負債
	純資産
費用	収益（売上）

図2-15 資本金300万円の記帳

（単位：万円）

資産 現金　300	負債
	純資産 資本金　300
費用	収益（売上）

「じゃぁ、次は借金の場合を考えてみよう。借金２００万円も必ず２つの視点から眺めて、負債のところに借入金２００万円、これも会社に現金の形で２００万円が入ってくるから、資産のところに現金２００万円と記帳する」(図２－16)

あかねは今度も「収支計算書だったら、収入２００万円と１か所に記帳されるだけだよね」と言おうとしてやめた。

龍一は話を続けた。

図2-16 借入金200万円の記帳

(単位：万円)

資産 現金　200	負債 借入金　200
	純資産
	収益(売上)
費用	

図2-17 現金売上100万円の記帳

(単位：万円)

資産 現金　100	負債
	純資産
	収益(売上) 売上　100
費用	

「現金の売上が１００万円あったら、収益のところに売上１００万円と記帳して、もう１か所、資産のところに現金１００万円と記帳する。（図２－17）

今度は現金で50万円の仕入れをしたとすると、費用のところに仕入れ50万円と記帳して、資産のところから現金が50万円出ていったと記帳する。（図２－18）

４つほど例を挙げたが、すべて１つの取引を必ず２つの視点から眺めて記帳していっている。そして、常にこの表の右側の合計と左側の合計が一致するように記帳する決まりになっている」

図2-18 現金で50万円の仕入れをした場合の記帳 （単位：万円）

資産 現金 △50	負債
	純資産
費用 仕入れ 50	収益（売上）

あかねは龍一が描いた４つの例を確認した。すべて左右の合計が一致していた。

「この表のことを『試算表《しさんひょう》』というんだが、この試算表こそが会社のすべてのお金の動きを表している。ここからが大切なところだからしっかり聞いとけよ」

あかねは真剣な面持ちでうなずいた。

「会社がお金を集めてくる方法は３つ。

それが試算表の右側に書かれている。会社がお金を集めてくる方法の第一は他人から借りるという方法がある。それが負債。次は資本家から資本金として入れてもらうという方法が純資産。そして自分の会社が稼ぎ出してくるというのが収益（売上）だ。これら３つの方法で集めてきたお金がすでに外部に支払われている費用と、なんらかの形で会社の中に残っている資産に分かれているわけだ。そしてこの試算表を、この真ん中の太線のところで上下にパカッと分けると、上がＢＳで下がＰＬだ」（図２－19）

「へぇ～、そういうことだったの！」

「そういうことだ。繰り返すが、複式簿記の基本はすべての取引を２つの視点（複式）から眺めて、それを『資産』『負債』『純資産』『費用』『収益（売上）』の５つに分類して帳簿に記帳していく。その集大成されたものが試算表で、その試算表を２つに分けるとＢＳとＰＬになる。複式簿記の基本はそれだけだ。逆に言えば、ＢＳとＰＬをつくるために会社のすべての伝票は複式簿記によって整理されているんだ」

「簡単な話じゃない」

図2-19　試算表とPL・BSの関係

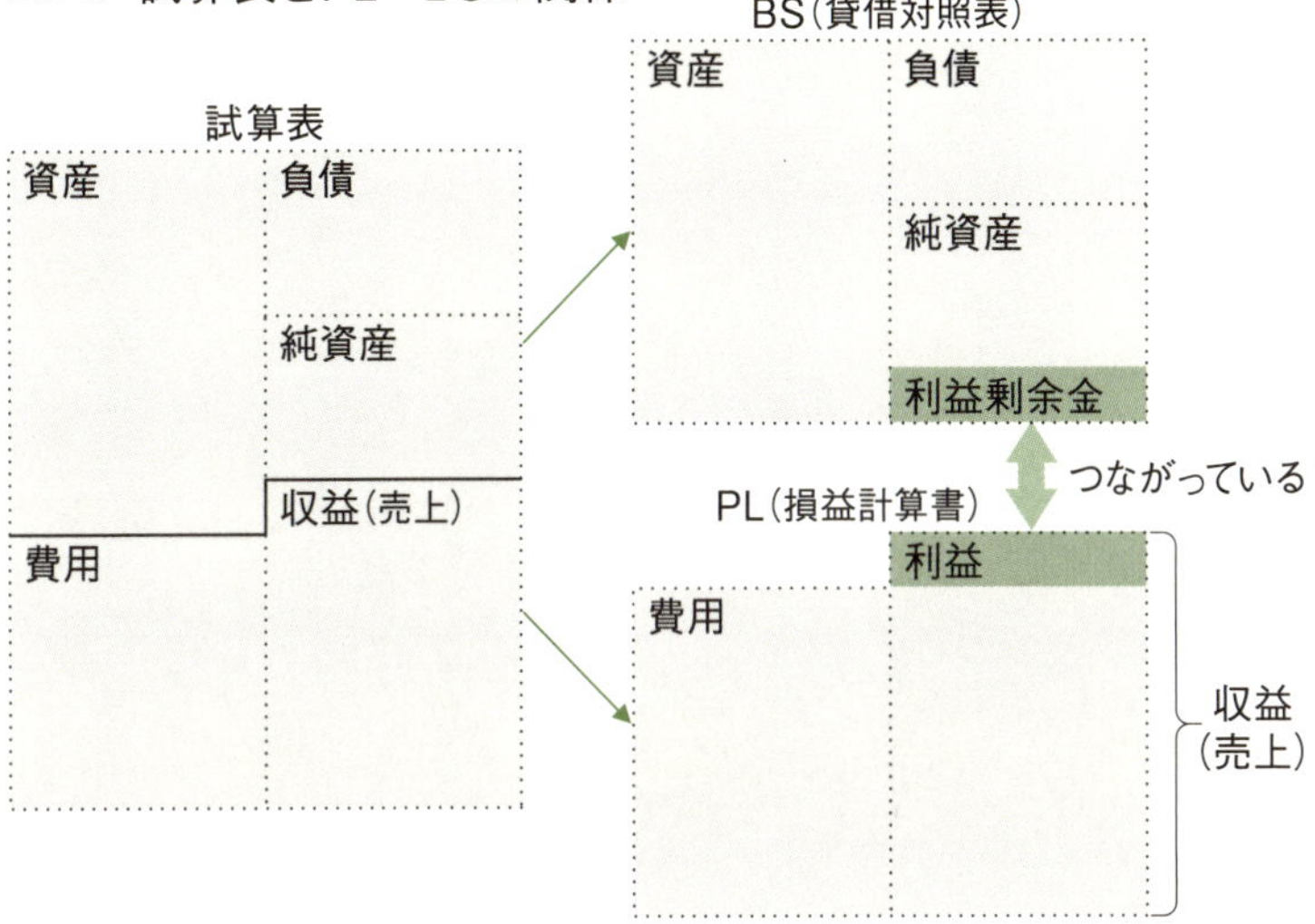

　あかねは複式簿記の仕組みを納得して言った。

「そうだ。だから会計は難しい話じゃないって言っただろ。ここでよく理解しておかなければならないのは、このＢＳとＰＬがつながっているということだ。ＢＳの利益剰余金とＰＬの利益はつながっている。それは当たり前だな。ＢＳとＰＬはもともと１つの試算表という表で、右側の中央の重なり部分がＢＳでは利益剰余金、ＰＬの表では利益になる。このＢＳとＰＬがつながっているということがわからないと会計はどこまでいっても理解できない。

じゃあ、次の話に移るからこれ消していいか？」

「うん」

龍一は白板消しでホワイトボードに書かれた表を消しながら、ホワイトボードの方を向いたままあかねに質問した。

「次に行く前に、収支計算書と試算表の違いを説明してくれる？」

あかねは、龍一がホワイトボードに書いたことを自分の大学ノートにすべて書き写し、自分なりのコメントも書き込んでいたが、顔を上げて即座に答えた。

「収支計算書はすべての取引を現金の出入りという現金1点で記帳した帳簿で、試算表はすべての取引を2つの側面から眺めて『資産』『負債』『純資産』『費用』『収益（売上）』の5つに分類して記帳した帳簿でしょ」

「完璧やんか」

龍一はうれしそうにそう言って、ホワイトボードにまた新しい図を描き始めた。

「ＰＬとＢＳの元になる試算表が会社のお金の動きのすべてを表している。つまり、ＰＬとＢＳは会社の事業活動のすべてを表しているんや。どういうことかというと、実はすべての会社が行っている活動は同じだ。何が同じかというと、すべての会社は『お金を集める』『投資する』『利益をあげる』という３つの活動を行っている。サラリーマンは一般的に『利益をあげる』というところだけに責任を持たされているので、事業全体を意識することは少ないけど、事業を立ち上げたことがある人は誰でも知っている。あかねもわかるな」

　あかねはうなずいた。

「事業を始めようとするとお金が必要になる。そのお金を資本金か借入金で集めてくる。あかねの会社の場合、あかねとお父さんの資本金、それにおじいちゃんからの借入金だ。その集めてきたお金を投資する。あかねの場合はレーザー加工装置に投資した。そして、それら投資したものを活用して利益をあげる。繰り返すが、すべての会社は『お金を集める』『投資する』『利益をあげる』という３つの活動を行っている。このすべての会社に共通する３つの活動をＢＳとＰＬで表している。その会社がどうやってお金を集めてきたかがＢＳの右側に記載されていて、それを何に投資したかがＢＳの左側に記載されている。そして、どうやって利益をあげたかがＰＬで計算されるんや。つまり、『お金を集める』『投資する』『利

図2-20 事業活動とPL・BSの関係

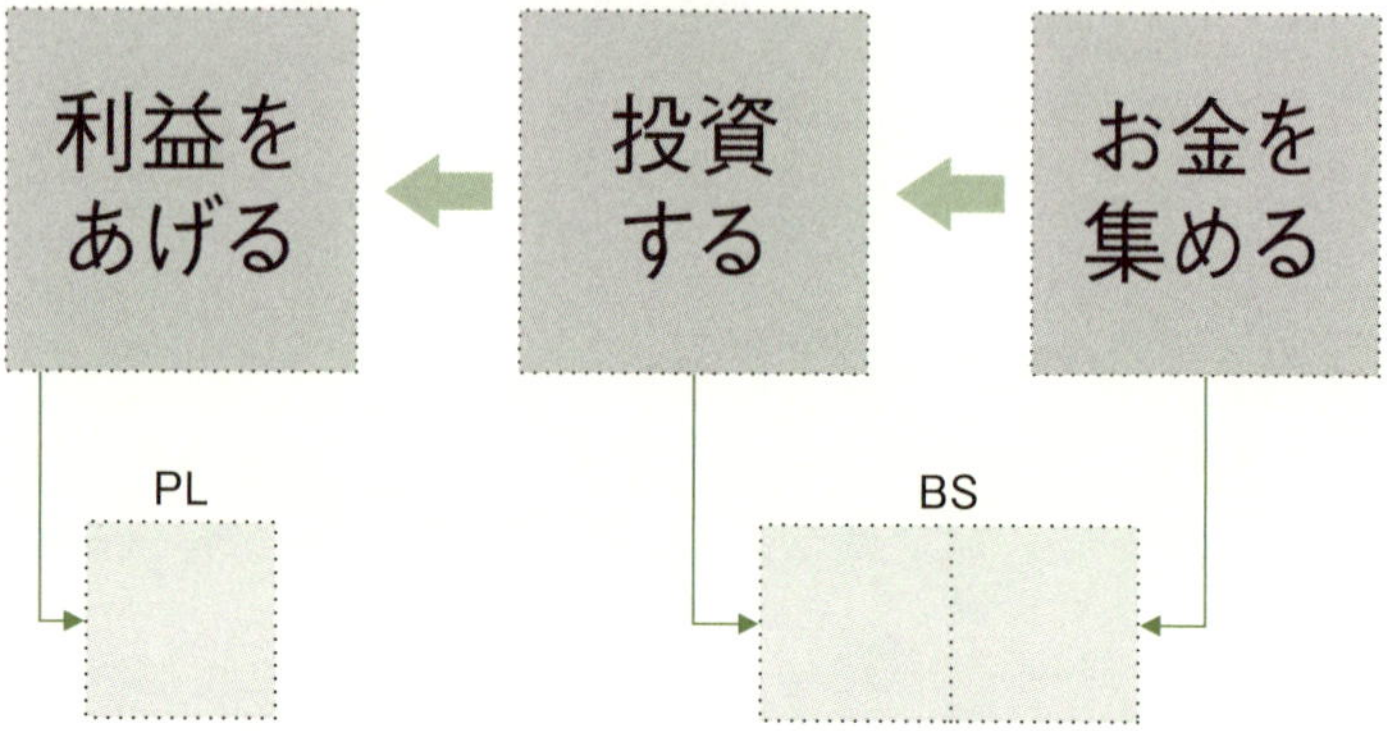

益をあげる』という事業全体のプロセスをＢＳとＰＬとで表しとるんや」（図２－20）

会社の事業活動を表すすべての伝票が試算表にまとめられる。その試算表がＰＬとＢＳに分かれただけだから、ＰＬとＢＳは会社の事業活動全体を表しているはずである。あかねは「なるほどな」と思いながらも１つの疑問が湧いてきた。

「製造業なんかは工場や設備に投資するけど、父さんのようなサービス業は何にも投資しないんじゃないの？　父さんの会社の場合、父さんの体だけが資本でしょ？」

「なかなかいいこと言うじゃないか。でも、お父さんのようなサービス業でも事務所は必要だ。事務所には机や本棚があり、コンピューターやコピー機がある。確かに、製造業に比べれば投資は少ないけど、サービス業だって投資しながら事業運営してるんだ」

「じゃあ、小売業とか商社は？」

「小売業とか商社は商材に投資していると考えたらいい。その投資した商材を販売して利益をあげている。そういう意味ですべての企業に共通する活動が『お金を集める』『投資する』『利益をあげる』という３つの活動なんや」

「なるほど、そういうことね」

　龍一が続けて言った。

「すべての企業はＰＬとＢＳをつくらなければならないことになっている。企業はＰＬとＢＳで事業活動について説明しているから社会的にも信用されるというわけだ。そして、そのＰＬとＢＳで企業は評価されるんだ。だから、経営者はＰＬとＢＳが理解できていないと話にならない」

　龍一は強い口調でそう言った後、声のトーンを変えて続けた。

「ＰＬとＢＳがどんなものであるかわかったと思うけど、私たちが子供の頃から親しんできたお金の動きを表す表は収支計算書だ。ここでもう一度、収支計算書とＰＬとＢＳの関係を確認しておこう。**収支計算書はすべての取引を現金の動きをベースに記帳した帳簿であり、試算表はすべての取引を2つの側面から見て記帳した帳簿だ。つまり、収支計算書も試算表もすべての取引が記帳された帳簿という点では同じものだ。そして、試算表を2つに分けたものがＰＬとＢＳだ。だから、みんなが昔から慣れ親しんできた収支計算書との関係でＰＬとＢＳを理解すれば複式簿記の会計がよくわかるんだ**」

そう言って、龍一は3つの表を描き、それらの表を線で結んだ。（図2－21）

「左上が収支計算書で、右上がＰＬ、下側にあるのがＢＳだ。複式簿記のところで話したように、ＰＬの利益とＢＳの利益剰余金はつながっている。会社が自分で集めてきたお金がＢＳに積み上がったものが利益剰余金だ。❶のつながりだ。ＢＳの左右の合計はいつも一致する。❷だ。そしてこれからがポイントだが、収支計算書の残高とＢＳの「現金」は常に一致する❸。収支計算書の残高はその会社が現時点で持っている現金の残高だ。ＢＳは財産残高一覧表であり、ＢＳの現金とはその会社がその時点で現金の形で持っている資産のことだ。だから、収支計算書の残高とＢＳの現金は一致するんだ。最後が❹のつながり。これはつなが

図2-21 財務3表のつながり

(単位：万円)

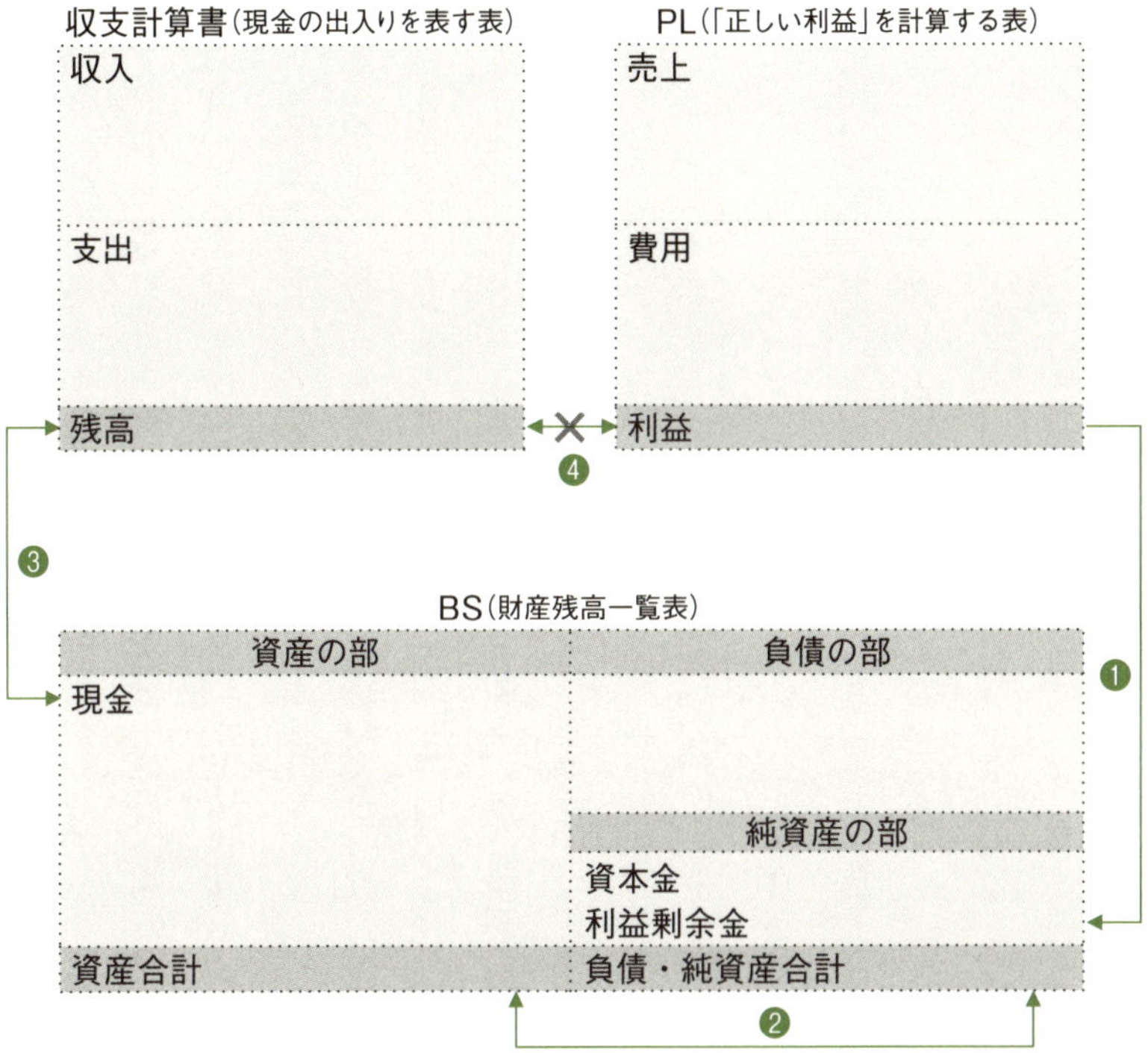

りというより、収支計算書の残高とＰＬの利益が一致しないことを表している。なぜなら、ＰＬは必ずしも現金の動きを表す表ではないからだ」

　龍一から表のつながりを聞いて、あかねはいかにも納得した様子だった。収支計算書と試算表はすべての取引が記帳された帳簿という点では同じ。ただ、帳簿に記帳するのが１つの視点か２つの視点かの違いだけ。私たちになじみのある収支計算書の数字がどう動くのかを見ながら、同じ取引によってＰＬとＢＳの数字がどう動くかを見ていけば、ＰＬとＢＳの仕組みが簡単に理解できると思った。

　感心しているあかねに念を押すように龍一が言った。

「各表が表すことの違い、つまりＢＳは財産残高一覧表、ＰＬは正しい利益を計算する表、そして収支計算書は現金の出入りを表す表であることをしっかりと認識し、これらの３つの表のつながりがわかれば、ＰＬとＢＳを理解するのはそう難しいことではない。誰でも収支計算書は理解できるんだから、常に収支計算書をベースにしてＰＬとＢＳを理解していけばいいんだ。

　今日はこれくらいにしておこう。これだけ理解できれば、会計に対するアレルギーはかなり小さくなったと思うけど？」

「おかげさまで。何か全体像が見えてきた感じ」

「そうだ。何を勉強するにもまずは全体像と本質を理解することが大切だ。あかねの会社の事業自体は問題なく回っているようだから、しばらくはお金が足りなくなることもないだろう。事業開始後半年くらい、9月末あたりにいま勉強したPLとBSと収支計算書を使って実際に数字を整理してみよう」

「そうね。実際に数字を入れたらもっとよくわかると思う」

「そうだな。次は実際にあかねに数字を記入してもらおう。じゃぁ、今日はこのくらいにするか。ちょうど1時間だ」

あかねは携帯電話で時間をチェックした。7時になっていた。新しいメールが1通入っていた。

「何時頃帰ってくるの？　日本とイングランドの試合が始まるわよ」

母からだった。あかねはその場で返信した。

「もうすぐ父さんの事務所を出るから。ご飯よろしく(^o^)」

SCENE

9

10月初め

日本橋の事務所

半年間の活動をお金の面から整理する

財務3表を一体にした会計理解法

「父さんの好きなキャラメルマキアート買ってきたよ」

「ありがとさん。やけに気が利くねぇ。やっぱりそろそろあったかいものがいいね」

「そうね。昼間は気持ちよい秋の風だけど、夜になるとかなり気温が下がるもんね」

「今日はなんだか楽しそうだな。ついに彼氏ができたか？」

「その話がくると、次は『早く孫がほしい』って話になるんでしょ。ものごとには順番ってものがあるんですからね。男なんかより、いまは仕事が楽しくてしょうがないの。レーザー加工装置でのストーンへの名前や記念日の書き込みがとっても好評で、口コミでお客さんがどんどん拡がってるし……」

　あかねは買ってきたキャラメルマキアートを袋から出して机の上に置いた。事業が順調なせいか、一つひとつの動きもテキパキしている。

「あっ、会計の勉強会ありがとね。あの勉強会のおかげで企業会計の全体像も見えてきたし。なんか人生が拡がっているって感じなの」

「それじゃ、今日の勉強会の後はあかねの奢りで食事ってことか？」

「また、そうくるか。今日は父さんが奢ってくれると思って、前もってお礼の気持ちでコーヒー買ってきたのに」

「冗談だよ。今日は近くの美味しい焼き鳥屋に連れてってやるから。あそこのつくねは最高やで。ジャズが流れてる焼き鳥屋さんや。7時に予約してるから、あと1時間しかないぞ」

「やった〜　じゃあ、今日は焼き鳥とビールのために頑張ります！」

　今日は龍一の事務所であかねの会社の半年間の財務3表をつくってみることになっていた。あかねが会社を興してから半年、もう10月になっていた。

「この前6月に説明した財務3表の数字記入用のフォームをつくっておいたから。これに一つひとつ数字を入れていったら財務3表が完成するだけでなく、会計の仕組みも体でわかってくる。勉強は何でもそうだけど、手を動かすってことが大切だ」

龍一は準備していた財務3表の基本フォームをあかねの前に置いた。(図2－22)

あかねは持ってきた大学ノートを開いて、6月に教えてもらったところを見てみた。(97ページ図2－21)

「同じ表だ」

あかねは心の中でつぶやいた。

「この表に一つひとつ数字を入れていこう。まずは資本金からだな。会計を少し勉強したとはいえ、あかねになじみの深い表は左上の収支計算書だ。まずは収支計算書に数字を入れて、それからPLを記入して、最後にBSを記入するんだ。さあ、やってみろ」

「え〜っ、いきなり。最初は少しくらい教えてよ〜」

図2-22 財務3表の基本フォーム　(単位：万円)

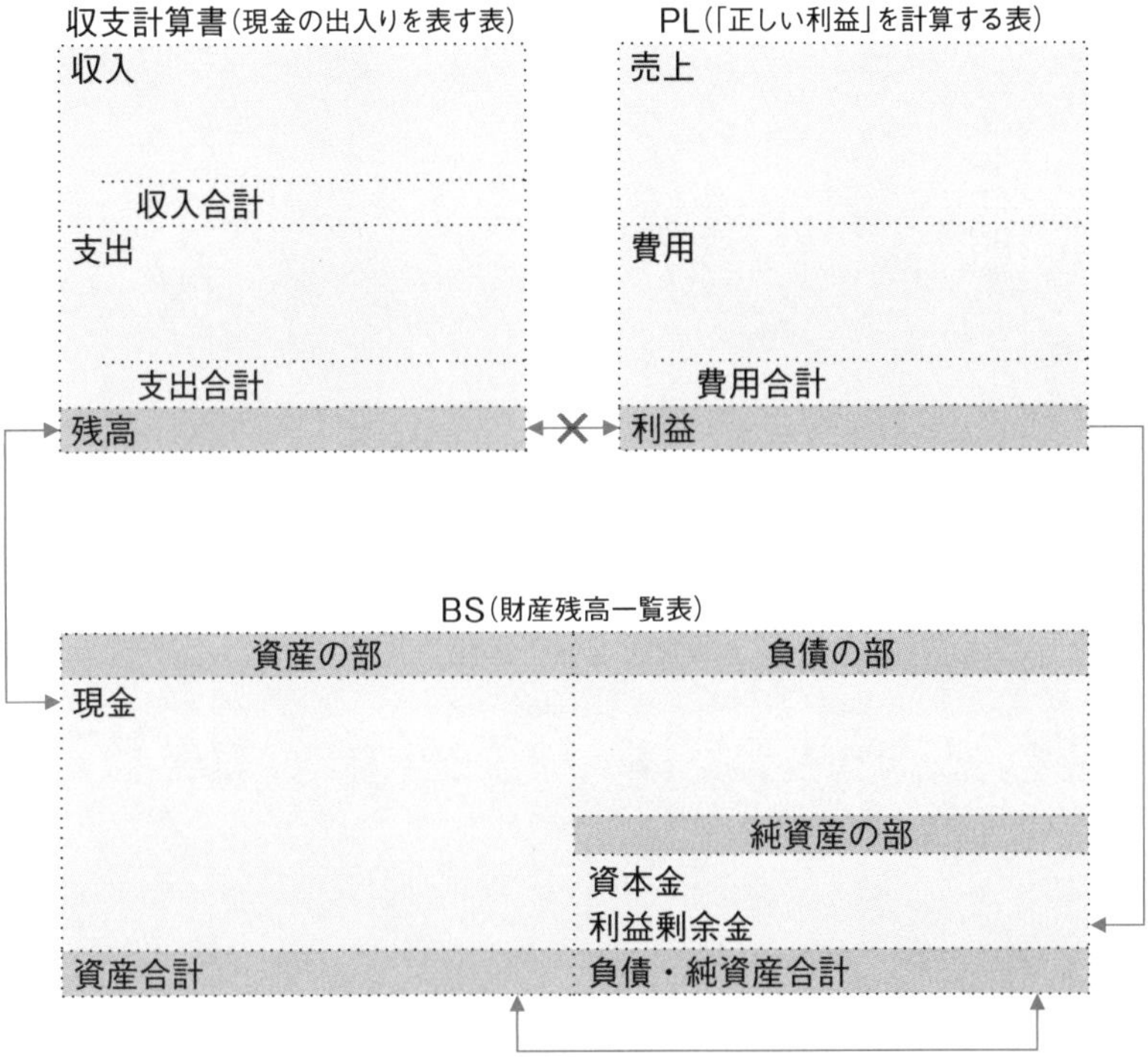

「しょうがねぇなぁ。それじゃ、最初は一緒にやるか。まずは収支計算書だ。収支計算書は現金の出入りだけを記載する表だ。資本金が３００万円入ってきたんだから、収入のところに資本金３００万円と入れる。会計では一般的に数字は千円単位か百万円単位で記入するが、この表は簡単に万円単位で記入すればいい。収支計算書の現金の残高は３００万円だ」（図２－23）

「了解」

「次はＰＬ。資本金３００万円でＰＬに動きはあるか？」

「……」

「前回の勉強会で説明した、会社に共通する３つの活動とＰＬとＢＳの関係を書いた図は書き写してあるか？」

「うん」

　あかねは大学ノートに書き写したページを開いた。（１０６ページ図２－20再掲載）

「『お金を集める』『投資する』『利益をあげる』という３つの活動がＢＳとＰＬに書かれている。逆に言えば、ＢＳとＰＬには『お金を集める』『投資する』『利益を

図2-23 資本金300万円の記入

（単位：万円）

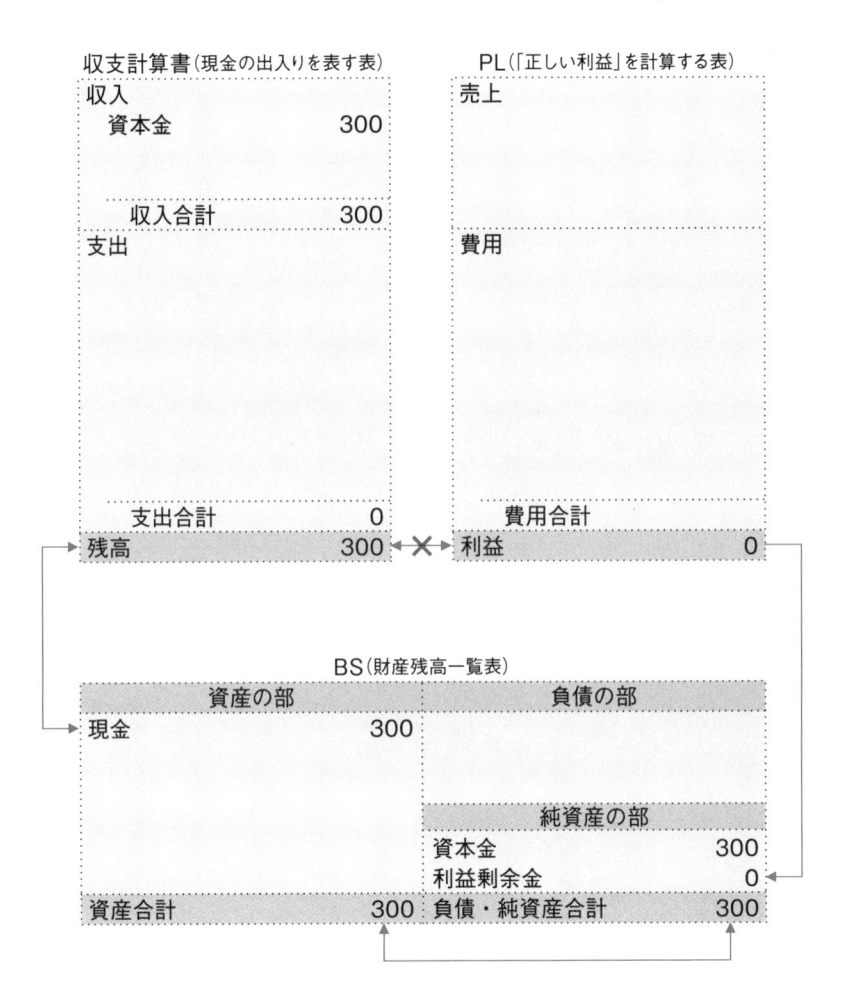

収支計算書（現金の出入りを表す表）

収入	
資本金	300
収入合計	300
支出	
支出合計	0
残高	300

PL（「正しい利益」を計算する表）

売上	
費用	
費用合計	
利益	0

BS（財産残高一覧表）

資産の部		負債の部	
現金	300		
		純資産の部	
		資本金	300
		利益剰余金	0
資産合計	300	負債・純資産合計	300

図2-20 事業活動とPL・BSの関係（再掲載）

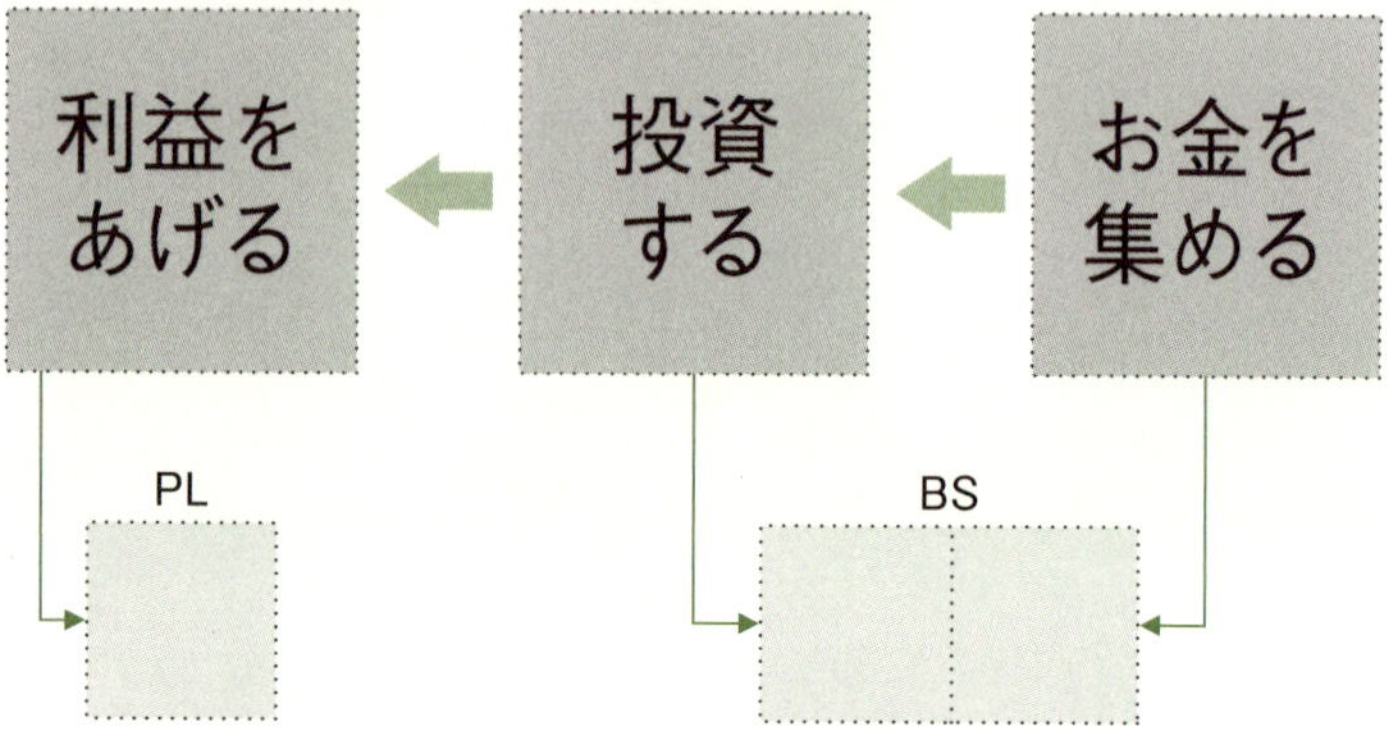

あげる』という３つのことしか書かれていないんだ。資本金で会社を設立するというのは、会社にとってどの活動にあたる？」

「お金を集めてくる活動ね」

「そうだ。お金を集めてくる活動が示されるのはＢＳの右側だ。ＰＬにはなんら影響はない。このことは少し冷静に考えれば誰だってわかる。だって、資本金でお金を集めてきたからといって売上があがるわけないわな。ましてや費用が出ていくはずがない。つまり、資本金はＰＬには影響ないんだ」

「考えてみればそうね」

「その３つの活動とＰＬ・ＢＳの関係が書いてある図（図２－20再掲載）は机の横に

常に開いておいて。この図を見ながら財務３表の数字を入れていくと、いま自分が会社のどの活動を記入しているかがよくわかるから」

あかねは３つの活動とＰＬ・ＢＳの関係が書いてあるページを開いて、机の左横に置いた。

「次はＢＳだけど、その前にＰＬの利益がＢＳの利益剰余金とつながっていることは認識しておけよ。複式簿記のところで説明したよな。試算表を２つに分けたのがＢＳとＰＬで、ＢＳの利益剰余金とＰＬの利益はつながっている。このことがわからないと会計がどこまでいってもわからないって」

「うん、覚えてる」

「じゃあ、次はＢＳだ。ＢＳの右側はどうやってお金を集めたかだ。資本金として３００万円集めてきたわけだ。ＢＳの左側はその集めてきたお金がどういう形で会社の中に存在しているかだ。資本金が入ってきた時点では何も使ってない。現金として３００万円があるってことだ。ＢＳの左右の合計は３００と３００で一致している」（１０５ページ図２－23）

「なるほどね」

「このＢＳの現金３００万円は、収支計算書の一番下の残高の３００万円と一致している。そりゃあ、あったりまえだわな」

「収支計算書の残高はこの時点で会社が持っている現金の総額であり、ＢＳは財産残高一覧表のことで、そのＢＳの中の現金はその時点で会社が持っている財産の中で現金の形で持っている財産の残高だからこの２つが一致するんだよね」

「ほぉっ、完璧やんか」

「まあね」

あかねは親指を真上に突き出して言った。

「最後は収支計算書の残高とＰＬの利益だ。ここのつながりは、つながりというより、一致していないことを表している。一致するはずないよな。収支計算書はすべての現金の出入りを記載するけど、ＰＬは利益の計算に関係する売上と費用しか記入しないんだから」

「そうか。父さんはこの前、収支計算書の収入と支出はＰＬの売上と費用とは違うという説明をしてくれたけど、そもそも収支計算書とＰＬでは認識するものがまったく違うんだ」

あかねは心の中でそう納得した。

「次はおじいちゃんからの借入金を入れてみよう。今度は自分でできるよな？」

「たぶん、大丈夫」

そう言って、あかねは真剣なまなざしで机に向かった。

「これでいいかな～」（１１０ページ図２―24）

「やるやんか。完璧だ。収支計算書では借入によって２００万円が入ってきて残高は資本金の３００万円と合わせて５００万円になっている。ＰＬは何も動かないよな。借入金は会社がお金を集めてくる活動だし、これもよく考えてみりゃすぐわかる。借金して売上があがれば世話ないよな。ましてや借金で費用が出ていくはずがない。つまり、ＰＬは変化なしだ。ＢＳの右側は借入金が２００万円。左側は現金が５００万円だ。これが収支計算書の残高の５００万円と一致している。うん、正解だ」

あかねは龍一に褒《ほ》められて内心ますますうれしくなった。

図2-24 借入金200万円の記入

（単位：万円）

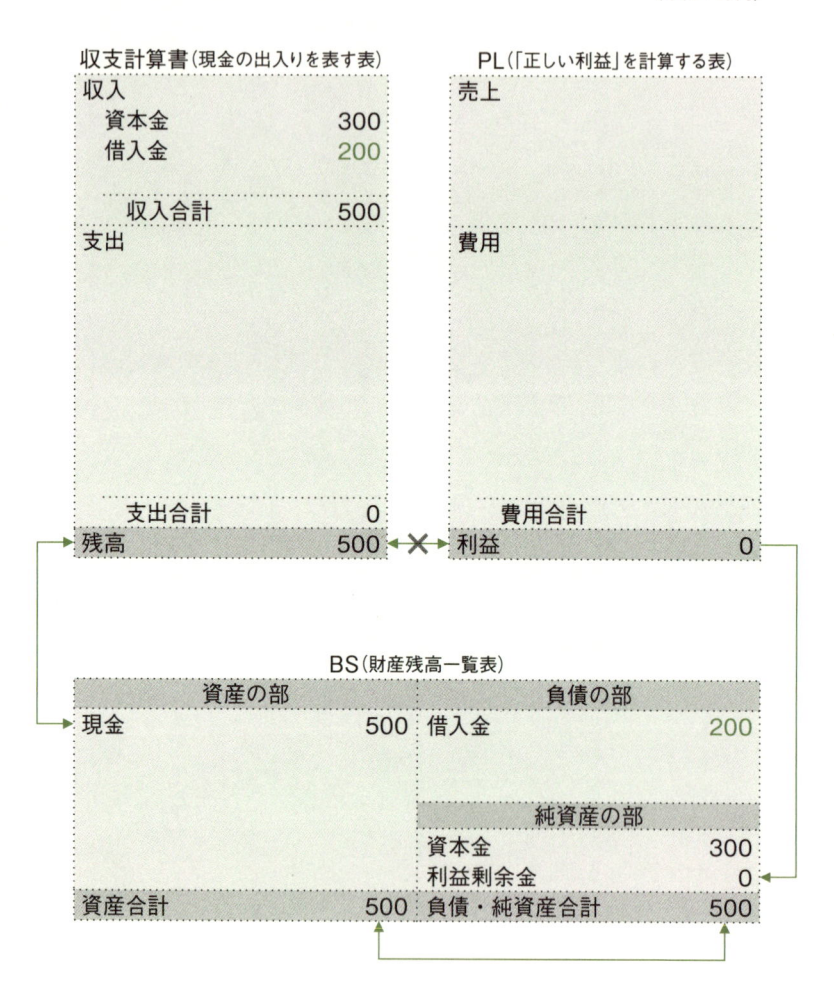

収支計算書（現金の出入りを表す表）

収入	
資本金	300
借入金	200
収入合計	500
支出	
支出合計	0
残高	500

PL（「正しい利益」を計算する表）

売上	
費用	
費用合計	
利益	0

BS（財産残高一覧表）

資産の部		負債の部	
現金	500	借入金	200
		純資産の部	
		資本金	300
		利益剰余金	0
資産合計	500	負債・純資産合計	500

「それじゃあ、次は４月に支払った事務所の賃借料と広告宣伝費を記入してみて」

「うん」

再びあかねは真剣な面持ちで机に向かい、独り言を言いながら作業を始めた。

（１１２ページ図２－25）

「まずは収支計算書でしょ。事務所の賃借料の１２０万円[25]も広告宣伝費の30万円も支出だよね。ＰＬは費用になるのかな～。この時点ではまだ売上がないから１５０万円の赤字か。これがＢＳの利益剰余金とつながっていて、ＢＳの左側は、事務所の賃借料１２０万円と広告宣伝費30万円の合計で１５０万円が出ていったんだから、現金５００万円が３５０万円になる。おっ！　これでＢＳの左右が一致するわけか。なるほどな。収支計算書の残高とも一致してる。なるほど」

あかねはひとりで納得したあと、龍一の方を向いて自信ありげに言った。

「できた！」

「どれどれ……。正解だ」

25……半期分の決算書をつくるのであれば、事務所賃借料も１２０万円の半分の60万円を記入すべきだが、ここでは仮に6か月経った時点で途中段階での数字を確認するという意味で１２０万円を入れている。

図2-25 事務所賃借料120万円と広告宣伝費30万円の記入

（単位：万円）

収支計算書（現金の出入りを表す表）

収入	
資本金	300
借入金	200
収入合計	500
支出	
事務所賃借料	120
広告宣伝費	30
支出合計	150
残高	350

PL（「正しい利益」を計算する表）

売上	
費用	
事務所賃借料	120
広告宣伝費	30
費用合計	150
利益	△150

BS（財産残高一覧表）

資産の部		負債の部	
現金	350	借入金	200
		純資産の部	
		資本金	300
		利益剰余金	△150
資産合計	350	負債・純資産合計	350

　あかねは何も言わないがウキウキしていることがその雰囲気から伝わってきた。

「どうだ、ＰＬとＢＳってのは面白い仕組みになってるだろ。お父さんも昔あかねと同じくらいの歳の頃に会計の勉強をして、たとえば事務用品を５万円買うと、ＢＳの左側の現金は間違いなく５万円減るけど、その時点で借金を返したり資本金が減ったりするわけがない。どうしてＢＳはいつもバランスするんだろうと疑問に思っていた。現金５万円で事務用品を買うと、ＰＬの費用として事務用品費が計上されて利益が５万円下がり、それがＢＳの右側の利益剰余金としてつながっていてＢＳの右側を押し下げ、ＢＳの右と左が５万円ずつ下がるという形になってるんだ。ちょっと、事務用品の例だけを表に数字入れてみようか。（１１４ページ図２－26）

　こうなる。このＰＬとＢＳがつながっているということがわかっていないと会計は理解できない」

「ちょっと待って、父さん。この場合はＢＳの資産の部に事務用品５万円って記載されるんじゃないの？　だって、ＢＳの右側はどうやってお金を集めてきたかを表し、その集めてきたお金がどのような形になって会社の中に存在するのかを

図2-26 事務用品5万円（現金で購入）の記入 （単位：万円）

収支計算書（現金の出入りを表す表）

収入	
資本金	300
借入金	200
収入合計	500
支出	
事務用品費	5
支出合計	5
残高	495

PL（「正しい利益」を計算する表）

売上	
費用	
事務用品費	5
費用合計	5
利益	△5

BS（財産残高一覧表）

資産の部		負債の部	
現金	495	借入金	200
		純資産の部	
		資本金	300
		利益剰余金	△5
資産合計	495	負債・純資産合計	495

表すのがＢＳの左側だから、事務用品の形になって会社の中に存在してるってことじゃないの？」

「ほっほ～。なかなか鋭いなぁ。その通りだ。会計上あるべき姿から言えば、事務用品はいったんＢＳの左側に5万円と記載されて、1年間に使いきった事務用品だけがＰＬに計上される。しかし、この事務用品のように軽微な、つまり少額の、そして一般的に1年間で使いきるようなものは、ＢＳには計上せずに最初から全部ＰＬに計上するという会計の決まりになってるんだ。ひょっとしたら、1年経ってもボールペン1本、ファイル1冊残っているかもしれない。しかし、会計上はすべて使いきったと認識することにしてるんだ」

「そうだよね。ボールペン1本、ファイル1冊ずつ計上していくなんて面倒だもんね」

「その通りだ」

「それじゃあ、次は5月に納入したレーザー加工装置３００万円の記入だ。これはちょっと難しいからお父さんがやってみよう。前回の勉強会で説明したように、何年にもわたって使うものを、今期のＰＬだけに３００万円全額入れるのはおかしいわな」

「うん、ＰＬは毎期の正しい利益を計算するんだからね」

龍一は、完全に理解しているあかねの返答にうれしそうにうなずいて続けた。

「そうだ。何年にもわたって使用するもののＰＬへの費用計上は減価償却という考え方を使うんだけど、そのことはもう少し後からゆっくり説明する。[26] ここではとりあえずＰＬへの費用計上は無視しておいて、レーザー加工装置を３００万円で購入したことだけを説明しよう。（図２－27）

収支計算書では機械装置代金として３００万円が出ていく。ＰＬの費用はとりあえず無視しておくから利益は△１５０万円のままだ。ＢＳの左側は、レーザー加工装置という機械装置を現金３００万円で買うんだから、現金が３５０万円から50万円になって、その代わりに機械装置として３００万円が記入されている。これは『ＢＳの右側に記載されている、集めてきたお金３５０万円が、ＢＳの左側で現金50万円と機械装置３００万円という形に変わって会社の中にありますよ』ということを表している」

26……減価償却については１９６～２００ページで詳しく説明する。

図2-27 レーザー加工装置（300万円で購入）の記入 （単位：万円）

収支計算書（現金の出入りを表す表）

収入	
資本金	300
借入金	200
売上代金	
収入合計	500
支出	
事務所賃借料	120
広告宣伝費	30
機械装置代金	300
支出合計	450
残高	50

PL（「正しい利益」を計算する表）

売上	
費用	
事務所賃借料	120
広告宣伝費	30
費用合計	150
利益	△150

BS（財産残高一覧表）

資産の部		負債の部	
現金	50	借入金	200
		純資産の部	
機械装置	300	資本金	300
		利益剰余金	△150
資産合計	350	負債・純資産合計	350

「父さん、ちょっと待って。ＢＳの左側の機械装置のところはマイナス３００万円が入るんじゃないの？」

「おっ？　まだ収支計算書と混乱してるな。お父さんがやっている会計研修でも、ここでよく、ＢＳの機械装置のところに△３００と書く受講生がいる。悲しいかな我々は子供の頃から収支計算書しか見たことがないんで、お金が出ていくとすぐにマイナスの数字を書きたくなる。しかし、ＢＳには基本的にマイナスの数字は出てこないんや。[27] なぜなら、ＢＳは財産残高一覧表であり、ＢＳの右側はどうやってお金を集めてきたかという方法論が書かれていて、ＢＳの左側はそのお金がどういう形で存在しているかということが表されているからマイナスの数字が出てくるはずがないんや。現金の出入りを表しているのは収支計算書や」

「なるほどね。収支計算書と財産残高一覧表の違いが体でわかってきた感じ」

　前回の勉強会で表の構造については教えてもらったが、あのときは腹の底から理解した感じではなかった。今回のように「収支計算書は現金の出入りを表す表」「ＢＳは財産残高一覧表」として、表の特徴を意識しながら数字を入れていくと、頭で勉強したときとはまったく異なる納得感があった。

27……もちろん例外はある。貸倒引当金や自己株式の取得などはＢＳにマイナス項目として表される。

「じゃぁ、次はこの半年間の商売に関する数字を入れてみよう。売上は結局どれくらいあったんだ？　それに給料も払っただろうし……」

「売上は半年間で600万円で仕入れが300万円」

「ほう、アクセサリーの販売としてはけっこう売れてんじゃないの？」

「そうなの。オープン直後は友達とか知り合いがけっこう来てくれてなかなかの売上だったんだけど、5月に導入したレーザー加工装置のおかげでそれ以降も売上が落ちてないの」

「給料とか交通費とか通信費とかは？」

「交通費や通信費はほとんどかかってないの。給料3人分とその他の経費を合わせて半年間で300万円ほど出ていってるわ」

「3人分？」

「あれっ？　言ってなかったっけ。1人従業員を雇ったの。片岡理恵ちゃんっていう19歳の子。とってもまじめに仕事をしてくれるの」

「ほお、そうだったのか。でも、3人分の給料と諸経費込みで半年300万円とは少ないな。月50万円じゃないか」

「だって、まだ先がどうなるかわからないから最低限で抑えているの」

あかねは積極的な性格ではあったが昔から慎重な面を持っていた。

「給料、交通費、通信費、事務用品費、いろんな種類の伝票があるけど、どのように分類しておけばいい？」

「正しく言えば、給料だってあかねは役員だから役員報酬になる。交通費、通信費、事務用品費などいろんな分類項目があるけど、それは正式な決算書をつくるときに税理士さんがやってくれる。今日はすべてぶっこんで給料一本にしておこう」

「お金の話なのにえらく大ざっぱねぇ」

「いいんだ、いいんだ。勉強はまず全体像と本質だ」

龍一はそう言った後、何かを急に思い出したかのように真剣な顔になって、あかねの方を向いて言った。

「役員報酬と給料を一緒に考えておこうと言ったが、それは会計の基本を勉強するためにそう言っただけだ。役員報酬と給料とは基本的に性質の違うものだ。役員報酬は株主総会での決議事項だが従業員の給料は社長が決めればいい。しかし、そんなこと以上に役員の役割と従業員の役割は根本的に違う。従業員は会社の業務を遂行するのが仕事だが、役員は会社の経営をするのが仕事だ。経営状態が悪くなったら従業員の給料に手をつけるような考え方ではダメなんだ。特に、理恵ちゃんだっけ？」

「うん」

「理恵ちゃんの給料を支払うのは社長であるあかねの重要な責務だ。理恵ちゃんが期待通りの仕事をしているのに『経営が苦しいからみんなで我慢しよう』じゃダメなんだ。父さんが尊敬しているある中小企業の社長は、不況で会社が倒産のピンチに立たされたとき、従業員にお願いして賃金を10％カットさせてもらったんだが、社長本人は3年間新入社員レベルの安い報酬しかとらなかった。それで経営は持ち直した。経営者の責任とはそういうことなんだ」

　あかねはだまってうなずいた。龍一はいつになく真剣なまなざしだった。

　しかし、すぐにいつものおちゃらけた表情に戻って言った。

「まぁ、それはそれ、これはこれっていうことで。今日は会計の基本勉強会だから、シンプルに給料一本でやっていこう」

あかねもまた会計勉強会のモードに戻って言った。

「じゃあ、給料として300万円入れとくね」

だんだん慣れてきたあかねはスイスイと鉛筆を走らせては、計算器をカチャカチャたたいていた。

「できた！」（図2－28）

「どれどれ」

龍一はあかねがつくった表をチェックした。収支計算書には収入として売上代金に600万円、支出として商品の仕入代金に300万円、さらに人件費として300万円が入っている。収入は600万円増えて、支出として合計600万円が出ていったから、収支計算書の残高は変化なく50万円になっている。PLのほうも売上に600万円が計上され、費用のほうは売上原価に300万円と給料手当に300万円がそれぞれ計上されている。したがって、PLの利益も変化なく△150万円のままだ。BSの現金は、売上代金として600万円が入ってきて、

図2-28 売上600万円、売上原価300万円、給料300万円の記入

（単位：万円）

収支計算書（現金の出入りを表す表）

収入	
資本金	300
借入金	200
売上代金	600
収入合計	1,100
支出	
商品の仕入代金	300
事務所賃借料	120
広告宣伝費	30
機械装置代金	300
人件費	300
支出合計	1,050
残高	50

PL（「正しい利益」を計算する表）

売上	600
費用	
売上原価	300
事務所賃借料	120
広告宣伝費	30
給料手当	300
費用合計	750
利益	△150

BS（財産残高一覧表）

資産の部		負債の部	
現金	50	借入金	200
		純資産の部	
機械装置	300	資本金	300
		利益剰余金	△150
資産合計	350	負債・純資産合計	350

仕入れの代金３００万円と人件費３００万円が出ていったのだから変化なく、50万円のままになっている。

「正解だ。だんだんわかってきたな」

「おかげさまで。なんかとっても気分よくなっちゃった。わかってきたって感じ」

「そうか。そりゃよかった。じゃあ、気持ちよくなったところで今日はこのへんにしておこうか。ちょうど7時だ」

「えっ、もう7時？」

あかねは驚いたように壁の時計を見た。７時になっているのを見て、あかねの気持ちは勉強会モードから飲み会モードに急に切り替わった。

「よっしゃぁ～、それじゃあ、つくねとビールだ！」

あかねは力強く右手を突き上げながら言った。

「26歳のうら若き娘がこんな男っぽくていいのかねぇ」

龍一は心の中でそうつぶやいた。

SCENE
10

10月中旬

原宿のお店

このままでは1年経っても赤字のまま？

財務3表で年間の事業を見通す

あかねは先日龍一に教えてもらってつくった会計の表をしみじみと眺めていた。（126ページ図2－28再掲載）今日は良江も理恵ちゃんもすでに退社し、あかねひとりが店に残っていた。日本に帰ってきてから、あかねは毎年この時期紅葉を見に行っていた。しかし、今年は心にそんな余裕がない。

「これってやばいんじゃないかな」

あかねはつぶやいた。

「現金は50万円しか残ってないし、利益はマイナスの150万円。だけど、事務所の賃借料は1年分計上してるんだよな〜。このままじゃ、これでいいのか悪い

図2-28 売上600万円、売上原価300万円、給料300万円の記入（再掲載）

（単位：万円）

収支計算書（現金の出入りを表す表）

収入	
資本金	300
借入金	200
売上代金	600
収入合計	1,100
支出	
商品の仕入代金	300
事務所賃借料	120
広告宣伝費	30
機械装置代金	300
人件費	300
支出合計	1,050
残高	50

PL（「正しい利益」を計算する表）

売上	600
費用	
売上原価	300
事務所賃借料	120
広告宣伝費	30
給料手当	300
費用合計	750
利益	△150

BS（財産残高一覧表）

資産の部		負債の部	
現金	50	借入金	200
		純資産の部	
機械装置	300	資本金	300
		利益剰余金	△150
資産合計	350	負債・純資産合計	350

のかよくわかんないな〜」

「そうだ！　年間の見通しをつくってみよう」

　あかねはそうつぶやいて、お店の小さなテーブルの上で作業を始めた。

「とりあえず、売上はこのまま推移するとして。給料も変えないことにしようっと。（128ページ図2－29）え〜っ！　1年経っても赤字のままじゃん」

　順調な売上だと思っていたのに、あかねは数字を見てガッカリした。

「考えてみりゃそうよね。年間1200万円の売上で原価が600万円だと、粗利[28]が600万円。給料などの諸経費が年間600万円かかり、その他にも事務所の賃借料や広告宣伝費がかかるんだから利益が出るわけないわよね」

　あかねはPLが赤字になっていることもさることながら、期末の現金が50万円しか残らないことが気になった。祖父との約束は、元金200万円と利息10万円合わせて210万円を1年後に返すということだった。

「このままじゃダメってことか……」

　毎日お客さんもたくさん入ってるし、リピーターも増えてきていた。

28……粗利は売上から売上原価を差し引いた利益のこと。会計では「売上総利益」という。

図2-29 アクセサリー店の年間予測

（単位：万円）

収支計算書（現金の出入りを表す表）

収入	
資本金	300
借入金	200
売上代金	1,200
収入合計	1,700
支出	
商品の仕入代金	600
事務所賃借料	120
広告宣伝費	30
機械装置代金	300
借入金返済	
人件費	600
利息の支払い	
支出合計	1,650
残高	50

PL（「正しい利益」を計算する表）

売上	1,200
費用	
売上原価	600
事務所賃借料	120
広告宣伝費	30
給料手当	600
支払利息	
費用合計	1,350
利益	△150

BS（財産残高一覧表）

資産の部		負債の部	
現金	50	借入金	200
機械装置	300	純資産の部	
		資本金	300
		利益剰余金	△150
資産合計	350	負債・純資産合計	350

「感覚的には悪くない。でも、経営的には私の会社は成り立っていないんだわ」

あかねは忙しい毎日に充実感を味わっていた。良江や理恵ちゃんも楽しそうに働いてくれていた。しかし、経営の実態は数字にしてみないとわからない。あかねは数字でビジネスを管理することの大切さを痛感した。

「どうにかしなきゃ。このままじゃダメだ」

第２部のポイント

1

収支計算書はすべての取引を「現金の出入り」という1つの視点だけで記帳した帳簿である。試算表とはすべての取引を必ず2つの視点から眺めて、「資産」「負債」「純資産」「費用」「収益（売上）」の5つに分類して記帳した帳簿である。試算表を2つに分けるとPLとBSになる。だから、収支計算書を通してPLとBSを勉強すれば会計は簡単に理解できる。

2

PLとはある一定の事業年度（通常1年間）の「正しい利益」を計算する表である。

3

BSはある時点の「財産残高一覧表」であると同時に、会社の「正味財産」を計算する表である。

4

PLとBSには、すべての企業に共通する「お金を集める」「投資する」「利益をあげる」という3つの活動のことしか書かれていない。

PART

3

第3部

事業は大きくなっているのに、お金が足りない!?

アクセサリー店の経営は順調に推移しているかに見えたが、実は赤字だった。このままいけば、結局は1年経っても赤字のままだ。祖父に約束した借金の返済もできない。あかねは会計の勉強をしてそのことに気づかされる。

そこに、神の救いか突然大きな注文が入り事業は急拡大する。

しかし、事業が拡大しているのにお金が足りなくなる。どうしてこんなことになったのだろう? このままでは、事業が続けられなくなってしまう。

SCENE

11

12月中旬

原宿のお店

売上をとるか、商売の信念か

経営方針をめぐる対立

師走というのはなぜかせわしなさを感じる季節だ。街にはクリスマスソングが流れている。

店頭販売は相変わらず順調に推移していた。手元の現金は少ないままだったが、仕入先が買掛[29]の仕入れを認めてくれるようになったので多少資金繰りにも余裕が出てきたし、手元にお金がなくても大量の仕入れができるようになった。

「おじいちゃんが言ってたように、実績を積み上げて信用をつくることでいろんなことがうまく回っていくんだ」

とあかねは思った。

29　代金後払いで商品やサービスを買うこと。ラーメン屋さんなどの飲食店はラーメンを食べたらその場で代金を支払う現金商売だが、世の中の大半の取引は掛け商売。つまり、商品やサービスの提供と現

日々のビジネスはうまく回っている。ただ、あかねの頭には「このままではダメだ」という思いが常にあった。

ちょうどそんなとき、ある企業から大量注文に関しての打診があった。レーザー加工装置を使ったストーンへの刻印が若者に人気だという噂を聞き、その会社の新商品拡販のために、その会社のブランド名を刻印したストーンを新商品の付録としてつける、つまりノベルティとしてストーンを使いたいという話が舞い込んできたのだった。総額１２００万円の案件。ただ、大量注文なので２００万円値引きして、総額１２００万円相当の刻印したストーンを１０００万円で販売してほしいと言われていた。

あかねは複雑な思いだった。この話はあかねにとって神の救いのような気もした。年間の売上に匹敵するような注文だった。現状のままの商売ではいずれ資金がショートするのはわかっていた。

一方で、その会社は最近急速に売上を伸ばしている会社で、金儲け第一主義の経営手法に世間でも悪い噂が立っていた。その噂が本当なら正直なところそんな会社と付きあいたくはなかった。

金の回収や支払いのタイミングが一致しない。前述したように、代金を後で受け取る約束で商品やサービスを売ることを売掛とか掛売りという。これら売掛や買掛での商売のことを掛け商売という。

あかねは迷っていた。

「良江。ちょっと相談したいことがあるんだけど」

「何？」

あかねは大量注文の話を良江に説明し、どうすべきか迷っていると伝えた。

「私はその注文受けないほうがいいと思う」

良江はあかねの話が終わるやいなや即座にそう言った。きっぱりとした口調だった。

「お店を始めるときに2人で話し合ったよね。決してお金目的の商売はしないって。大切な人に心からの贈物をする人のために存在するお店になろうって」

「それはそうだけど……。良江だって売上のために広告宣伝しようって言ったじゃない」

「言ったわよ。でもあれは、いいものがあることを知らない人には知らせてあげる責任がお店にもあると思ったからよ。そりゃぁ、給料も多いほうがいいわ。それに口では『会社は売上でしょ』とも言ったわ。でも、私の根っこの性格はあかねが一番よく知ってるよね。私は勉強もできないし、これまで仕事も長続きしなかったけど、何か本当に大切なことがしたいの。いままでいろんな会社で仕事をしてきたわ。どの会社もお客様第一主義なんて言ってるけど、どこも本当は自分の会社の売上や利益が一番と思っている。あかねと一緒に仕事をすることになって本当にうれしかった。きれいごとじゃない、本心から人の役に立てる仕事ができると思ったから」

良江の気持ちはよくわかる。あかねもまったく同じ気持ちだった。利益目的じゃない、本当に人の役に立つ仕事がしたい。お客様の幸せな笑顔に接する仕事がしたい。あかねも心底からそう思っていた。

ストーンを通して多くの人を幸せにする仕事がしたい。ストーンへの思い入れという意味では、あかねの想いは良江よりはるかに強かった。

しかし、一方で経営者としては会社が経営的になりたっていない事実も知っていた。祖父との約束も大切だった。それに、あかねは経営者として、良江や理恵ちゃんにたくさんとまではいかなくても世間並みの給料を出してあげたいとも思っていた。事業が安定するまではと思い、創業以来3人の給料はかなり低いレベルのままに抑えていた。

数日間、あかねはひとりで悩みに悩んだ。龍一に相談してみようかとも思ったが、結局は自分で決めるしかないことだった。

あかねは最終的に注文を受けることに決めた。経営者としての責任を果たすためにはお金の問題は避けては通れないことだった。

あかねは自分の決断を良江に伝えた。

良江はこの前のときよりさらに感情を高ぶらせて、この仕事にかける良江の気持ちをぶつけてきた。しかし、最終的にあかねの決断が変わらないことを知ると、良江は「あかねとは一緒にやっていけない」と言った。

悲しかった。小学校のときから楽しいことも辛いこともいつも良江と一緒だった。良江と一緒にいると何も話さなくても気持ちが和んだ。

「一番仲のいい友達とはビジネスは一緒にやらないほうがいいのかもしれない。私は結局何のために事業をやってるんだろう。事業を続けるために自分の一番大切な友達を失うくらいなら、事業なんてやらないほうがいいのかもしれない」

店を出て、あかねは原宿の街をひとりで歩いていた。薄暗い歩道にはクリスマスソングが流れ、街路樹は点滅するライトで覆われていた。たくさんのカップルが幸せそうに腕を組んでいた。

「経営者って孤独だな」

あかねは思った。切なさを感じる年の瀬だった。

SCENE

12

2月初め

日本橋の事務所

年度末にお金が足りなくなる？

掛け商売の落とし穴

年末から年始にかけては大量注文の対応に追われた。理恵ちゃんも休日返上でよく頑張ってくれた。理恵ちゃんの仕事はとてもひとりでできるとは思えないほどの量だったのに、ミスひとつなかった。あかねが出張などで留守にしたときも黙々と仕事を続けてくれていたのだろう。理恵ちゃんのおかげで、なんとか無事納品できた。お客様はとても喜んでくださり、あかねはその会社の新商品発売記念イベントに招待されることになった。

バタバタとしてあかねの1月は過ぎていった。

2月に入り一段落したところで、あかねは龍一の事務所を訪ねた。

「いつも仕事が終わった後にゴメンね」

「立派なこと言えるようになっとるやんか」

実際、龍一はあかねがこの1年で大きく成長したと感じていた。言うことだけでなく、雰囲気がなんとなく堂々としてきていた。毎日顔を合わせていてもそう感じるのだから、久しぶりに会う人だったら別人かと思うくらい変わって見えるだろう。

「社長と副社長との距離は、副社長と新入社員との距離よりも遠い」とはよく言われることだが、社長はすべてのことに関して最終的な決断を下さなければならない。そして、その決断の責任をひとりで背負わなければならない。人を成長させるには社長をやらせるに限ると龍一は思っていた。龍一には何も言わないが、龍一の知らないところでもあかねにはいろんなことがあったのだろうと思った。あかねの雰囲気は、厳しい局面での決断をしなければならない人たちだけが持つ、独特の雰囲気と通じるものがあった。

「父さんに褒められるとうれしいなぁ。あんまり褒めてくれないもんね」

「心の中ではいつも褒めてるよ。小さな会社といえども26歳で経営者だからな。立派なもんだよ」

「経営者には誰でもなれるけど、ちゃんと経営ができるかどうかが問題だよね」

「ますますスゴイこと言うじゃないか」

「まぁね、最近本当にそう思うようになったの」

あかねの話しぶりは落ち着いていた。

「そうか。現実が見えてきたということか」

「それはそうと、今日は掛け商売の記帳について教えてほしいの。自分で数字を入れてみようと思ったんだけどよくわからないところがあって」

「そりゃそうだろうな。掛け商売については全然教えてなかったからな。実は会計の初心者が一番理解に苦しむのがこの掛け商売なんや。普通の人は子供の頃から収支計算書しか見たことがない。収支計算書と複式簿記の会計の一番の違いは、複式簿記が現金の動きの伴わない取引の処理をすることなんや。逆に言えば、現金の動きの伴わない取引が理解できれば、複式簿記の大半は理解できたと思っていいくらいや」

「そうなんだぁ」

「いつだったか、複式簿記の会計では現金の動きとは関係なく、商品やサービスを提供した時点で売上や仕入れに計上していくという話をしたよな？」

「うん、去年の６月の勉強会のときに説明してもらった」

「なら話は早い。実際に数字を表に入れながら説明しよう」

「じゃあ、この表に書き込みながら教えてくれる？　これは去年の10月に父さんに教えてもらった後、１年の見通しをつくったものなの」

「ほほう、年間予測とはなかなかやるじゃないか」

　龍一はあかねがつくった年間予測の表を受け取り、コピーをとった。（１４２ページ図２－29再掲載）

「毎月の店舗売上はほぼ予想通りに推移してるわ。前半の半年と後半の半年で変わったことは、後半の半年に売掛の商売が１０００万円あったこと。仕入れも現金仕入れとは別に６００万円の買掛の仕入れがあるの」

「つまり、１０００万円の商品は販売して納品したけど、まだその代金は受け取っていない。同時に、６００万円の商品を仕入れたけど、その代金もまだ支払っ

図2-29 アクセサリー店の年間予測（再掲載）

（単位：万円）

収支計算書（現金の出入りを表す表）

収入	
資本金	300
借入金	200
売上代金	1,200
収入合計	1,700
支出	
商品の仕入代金	600
事務所賃借料	120
広告宣伝費	30
機械装置代金	300
借入金返済	
人件費	600
利息の支払い	
支出合計	1,650
残高	50

PL（「正しい利益」を計算する表）

売上	1,200
費用	
売上原価	600
事務所賃借料	120
広告宣伝費	30
給料手当	600
支払利息	
費用合計	1,350
利益	△150

BS（財産残高一覧表）

資産の部		負債の部	
現金	50	借入金	200
機械装置	300	純資産の部	
		資本金	300
		利益剰余金	△150
資産合計	350	負債・純資産合計	350

てないってことやな」

「うん」

「あかねがつくった表はコピーしておいたから、原紙のほうの必要な箇所を書き換えていいか？」

　あかねはだまってうなずいた。

「そうだ。この売掛１０００万円と買掛６００万円を計上した表をつくる前に、まず売掛金１０００万円と買掛金６００万円の処理を別々に説明しよう。ここではいったん売掛金１０００万円以外の数字はすべて無視して説明するぞ。（１４４ページ図３－１）

　売掛による売上の１０００万円だけがＰＬに計上されて、利益は１０００万円増えるわな。売掛の売上によって利益が１０００万円増え、その利益はＢＳの利益剰余金とつながっているからＢＳの右側も１０００万円増える。でも、これは売掛による売上で、この時点で現金は入ってきていないからＢＳの左側の現金は『０』のままや。そこで『売掛金』という項目をＢＳの左側に１０００万円計上して、ＢＳの右と左が両方とも１０００万円増えるようにしている」

図3-1　仮に売掛1,000万円だけを計上した場合　（単位：万円）

収支計算書（現金の出入りを表す表）

収入	
資本金	
借入金	
売上代金	
収入合計	0
支出	
商品の仕入代金	
事務所賃借料	
広告宣伝費	
機械装置代金	
借入金返済	
人件費	
利息の支払い	
支出合計	0
残高	0

PL（「正しい利益」を計算する表）

売上	1,000
費用	
売上原価	
事務所賃借料	
広告宣伝費	
給料手当	
支払利息	
費用合計	0
利益	1,000

BS（財産残高一覧表）

資産の部		負債の部	
現金	0	買掛金	
売掛金	1,000	借入金	
		純資産の部	
機械装置		資本金	
		利益剰余金	1,000
資産合計	1,000	負債・純資産合計	1,000

「そういうふうにすることにしたってこと？」

「そうや。会計の決まりでそういうふうにすることにしたんや。この売掛金というのは将来支払ってもらえるであろう権利のこと。この将来支払ってもらえるであろう権利を資産に計上することにしたんや。なんとなくイメージできるやろう」

「うん。権利を資産として認識したのね」

「そうや。売掛金といっても売掛金というお金があるわけじゃない。売掛金は将来支払ってもらえるであろう権利のことや。そうすることで、ＰＬとＢＳは現金の動きがない取引が記載できるようになったんや」

「なるほどね」

「買掛金も同じや。今度は買掛金６００万円以外のところはすべて無視して、買掛だけ考えるぞ。（１４６ページ図３－２）

もし、ＰＬに買掛による仕入れ（売上原価）だけが６００万円計上されたら利益は６００万円下がるわな。ＰＬの利益とＢＳの利益剰余金はつながっているからＢＳの純資産の部も６００万円下がる。でも、買掛は現金の支払いを後からす

図3-2　仮に買掛600万円だけを計上した場合　（単位：万円）

収支計算書（現金の出入りを表す表）

収入	
資本金	
借入金	
売上代金	
収入合計	0
支出	
商品の仕入代金	
事務所賃借料	
広告宣伝費	
機械装置代金	
借入金返済	
人件費	
利息の支払い	
支出合計	0
残高	0

PL（「正しい利益」を計算する表）

売上	
費用	
売上原価	600
事務所賃借料	
広告宣伝費	
給料手当	
支払利息	
費用合計	600
利益	△600

BS（財産残高一覧表）

資産の部		負債の部	
現金	0	買掛金	600
売掛金		借入金	
機械装置		純資産の部	
		資本金	
		利益剰余金	△600
資産合計	0	負債・純資産合計	0

る仕入れだから、この時点で現金の動きはない。だからＢＳの左側の現金は『０』になっている。そこで『買掛金』という項目をＢＳの右側に計上することにしたんや。これでＢＳの左右の合計は『０』のままで一致する」

　あかねは真剣に龍一の説明を聞いていた。

「この買掛金は将来支払わなければならない義務のことや。いままで負債のことを他人から借りた借金のように言ってきたけど、そもそも負債とは将来支払わなければならない義務のことなんや。この買掛金も買掛金というお金があるわけではないんや」

「売掛金も買掛金も現金のことじゃないんだ」

「そうだ。現金のことじゃない。将来支払ってもらえるであろう権利と将来支払わなければならない義務であり、その権利が売掛金として資産の部に計上されて、義務が買掛金として負債の部に計上されとるんや。ようできとるやろ」

「収支計算書しか見たことがない人にとっては、売掛金や買掛金と言われると、つい現金のことだと思ってしまうね」

「そこが引っかかりやすいところや。お小遣い帳や家計簿のような収支計算書しか見たことがない人は、お金について書いてある表はすべて現金の動きを表していると思っている。確かに、収支計算書は現金の動きを表す表だから収支計算書に書かれている数字はすべて現金の動きを表している。でも、複式簿記の帳簿は必ずしも現金の動きを表しているわけじゃないんや」

「そうか〜。複式簿記は収支計算書と違って、現金の動きのない取引が記載されているわけか」

「じゃあ、いま説明した売掛金１０００万円と買掛金６００万円を、あかねがつくった年間見通しの表に加えてみよう。（１５０ページ図３－３）

まずは収支計算書だ。現金の動きはないんだから、収支計算書は何も動かない。だって、買掛で商品を仕入れて売掛で販売しただけだからな。この時点で現金の動きはない。現金は50万円のままだ。ＰＬには売掛の売上と買掛の仕入れ（売上原価[30]）を計上する。コピー（１５１ページ図２－29再掲載）と見比べながら話を聞くといい。もともとあかねの見通しでは年間１２００万円あった売上に加えて、１０００万円の売掛の売上があったんだから、売上は合計で２２００万円になる。売上原価も同じじゃ。現金の仕入れが６００万円に買掛の仕入れが６００万円だか

30……年間の仕入総額が年間の売上原価になるわけではない。期末に棚卸しという作業をして実際にどれだけの在庫が残っているかを確認し、会計上の在庫を認識すると同時にその期の正しい売上原価を計算する。このことについては２０１～２０４ページで改めて説明する。

ら、合計の売上原価は１２００万円や」

「ＰＬはその期の正しい利益を計算するための表だから、現金の動きとは関係なく、商品やサービスを提供したり受け取ったりした時点でその取引をＰＬに計上するのね。だから、ＰＬは必ずしも現金の動きを表す表じゃないんだ」

「そうだ」

「売掛や買掛で難しいのはＢＳや。売掛による売上や買掛による仕入れを計上した時点で現金の動きはない。だから現金は50万円のままや。どこが変わってるかわかるか？」

「さっき別々に説明してくれた売掛と買掛の表と同じね。ＢＳの左側に売掛金として１０００万円が計上され、ＢＳの右側には買掛金として６００万円が計上されているわ」

「その通りだ。これで売掛金、買掛金の理解は完璧やな」

「うん、たぶんわかったと思う。売掛金と買掛金は現金じゃないんだ」

「そうや。ついでに言っておくと、ＢＳの右側の利益剰余金も現金のことやないで」

図3-3　売掛1,000万円と買掛600万円の計上

（単位：万円）

収支計算書（現金の出入りを表す表）

収入	
資本金	300
借入金	200
売上代金	1,200
収入合計	1,700
支出	
商品の仕入代金	600
事務所賃借料	120
広告宣伝費	30
機械装置代金	300
借入金返済	
人件費	600
利息の支払い	
支出合計	1,650
残高	50

PL（「正しい利益」を計算する表）

売上	2,200
費用	
売上原価	1,200
事務所賃借料	120
広告宣伝費	30
給料手当	600
支払利息	
費用合計	1,950
利益	250

BS（財産残高一覧表）

資産の部		負債の部	
現金	50	買掛金	600
売掛金	1,000	借入金	200
		純資産の部	
機械装置	300	資本金	300
		利益剰余金	250
資産合計	1,350	負債・純資産合計	1,350

図2-29 アクセサリー店の年間予測(再掲載)

(単位：万円)

収支計算書(現金の出入りを表す表)

収入	
資本金	300
借入金	200
売上代金	1,200
収入合計	1,700
支出	
商品の仕入代金	600
事務所賃借料	120
広告宣伝費	30
機械装置代金	300
借入金返済	
人件費	600
利息の支払い	
支出合計	1,650
残高	50

PL(「正しい利益」を計算する表)

売上	1,200
費用	
売上原価	600
事務所賃借料	120
広告宣伝費	30
給料手当	600
支払利息	
費用合計	1,350
利益	△150

BS(財産残高一覧表)

資産の部		負債の部	
現金	50	借入金	200
機械装置	300	純資産の部	
		資本金	300
		利益剰余金	△150
資産合計	350	負債・純資産合計	350

「えっ、そうなの？」

「『えっ、そうなの』やないやろ。ＢＳの右側に現金なんかないで。現金はＢＳの左側の一番上に書かれてるだけや」

「あっ、そうか」

と言いながら、あかねは「今日の父さんは関西弁がきついな」と思った。

「そういうお父さんも、実は長い間利益剰余金という、会社が稼ぎ出して積み上がったお金があると思ってたんや。でも、そうやない。ＢＳの右側はどうやってお金を集めてきたかということを表しているだけで、集めてきたお金はすでに何かに使われている。ＢＳで現金を表しているのはＢＳの左上の現金のところだけや。このことがわかると混乱がなくなると思うで」

「そうだね〜。〇〇金というのは現金じゃないんだね〜」

「ついでにもう少し進んでおこうか」

「何？」

「買掛金を支払ったらどうなるかだ。買掛金の支払いはいつだ？」

「２月末よ」

「そうか。じゃあ６００万円の買掛金を支払ったらどうなるかな」

そう言って、龍一はまた数字を書き換えた。

「こうなるな。（１５４ページ図３－４）

収支計算書の商品の仕入代金は以前の現金６００万円の仕入れに加えて、買掛金の支払いによる６００万円が仕入代金として出ていくから、期が始まってからの仕入代金の合計は１２００万円になる。これで現金の残高はマイナスの５５０万円だ。ＰＬに変化はないよな。買掛の仕入れは仕入れたときに売上原価として計上しているから買掛金を支払ってもＰＬはなんら変化しない。ＢＳの右側は買掛金が『０』になっている。将来支払わなければならない義務を果たし終えたんだから買掛金は『０』だ。ＢＳの左側は現金が６００万円少なくなって、50万円あった現金がマイナス５５０万円になっている」

「父さん、このＢＳおかしくない？　だってＢＳにはマイナスは出てこないって言ってたじゃない」

「そうだ。おかしいよ。ＢＳの現金がマイナスになることなんてありえない。現

図3-4　買掛金返済シミュレーション

（単位：万円）

収支計算書（現金の出入りを表す表）

収入	
資本金	300
借入金	200
売上代金	1,200
収入合計	1,700
支出	
商品の仕入代金	1,200
事務所賃借料	120
広告宣伝費	30
機械装置代金	300
借入金返済	
人件費	600
利息の支払い	
支出合計	2,250
残高	△550

PL（「正しい利益」を計算する表）

売上	2,200
費用	
売上原価	1,200
事務所賃借料	120
広告宣伝費	30
給料手当	600
支払利息	
費用合計	1,950
利益	250

BS（財産残高一覧表）

資産の部		負債の部	
現金	△ 550	買掛金	0
売掛金	1,000	借入金	200
		純資産の部	
機械装置	300	資本金	300
		利益剰余金	250
資産合計	750	負債・純資産合計	750

実のビジネスを考えればわかるだろう。買掛金６００万円を支払うのに会社にお金がなかったらどうする？」

「借金するのかな～」

「そうだろうな。借金するか、さらに資本金を入れてもらうか。いずれにせよ、なんらかの方法でお金を集めてくる必要がある。あかねの会社は当然買掛金の支払いの前に売掛金が回収できるようになっているんだろうな？」

「もっ、もちろんよ」

「じゃあ、心配ないな。ついでに売掛金を回収したところまでやっとくか」

「えっ、ええ」（１５６ページ図３－５）

「収支計算書の売上代金は現金売上の１２００万円に加えて、新たに売掛の１０００万円が回収されるから最終的に２２００万円になる。ＰＬは何も変化ないな。買掛金の支払いのときと同じだ。ＢＳの左側は現金が１０００万円増えるから、マイナス５５０万円がプラスの４５０万円になる。売掛金が回収されたんだから売掛金が『０』になるな。これで終了だ。それじゃあ、今日はこのへんにするか」

図3-5　売掛金回収シミュレーション

（単位：万円）

収支計算書（現金の出入りを表す表）

収入	
資本金	300
借入金	200
売上代金	2,200
収入合計	2,700
支出	
商品の仕入代金	1,200
事務所賃借料	120
広告宣伝費	30
機械装置代金	300
借入金返済	
人件費	600
利息の支払い	
支出合計	2,250
残高	450

PL（「正しい利益」を計算する表）

売上	2,200
費用	
売上原価	1,200
事務所賃借料	120
広告宣伝費	30
給料手当	600
支払利息	
費用合計	1,950
利益	250

BS（財産残高一覧表）

資産の部		負債の部	
現金	450	買掛金	0
売掛金	0	借入金	200
		純資産の部	
機械装置	300	資本金	300
		利益剰余金	250
資産合計	750	負債・純資産合計	750

「うん」

「今日は寒いからちゃんこ鍋でも食べにいくか。母さんは友達と食事会で家に帰っても何もないらしいぞ」

「あっ、ごめんね、父さん。急に用事思い出したからちょっとお店に戻るわ。申し訳ないけどひとりで食事してくれる？」

「え〜、残念やな。じゃあ、ひとりでラーメンでも食べて帰ることにするか」

「本当にごめんね。今日はありがとう」

　そう言って、あかねは逃げるようにして龍一の事務所を出た。

　あかねは自分のお店には戻らず、龍一の事務所からかなり離れたところにある喫茶店に入った。心臓がドクドクと速い鼓動を打っていた。晩御飯どころではなかった。龍一の事務所での最後の売掛金回収のシミュレーションもまったく話を聞いていなかった。あかねは買掛金返済のシミュレーションを見たとたんに体が凍りついたのだ。龍一に「あかねの会社は当然買掛金の支払いの前に売掛金を支払ってもらうことになっているんだろうな？」と言われて「もちろんよ」と答えたものの、実際には売掛金1000万円の回収は4月末だった。買掛金600万円の支払いは2月末だ。

「これじゃあ、お金が足りない。なんでそんなことに気がつかなかったのだろう。昨年末は良江が会社を離れて大きなショックだったし、それから1月末までは大量注文の処理でいっぱいいっぱいだった、それに父さんが『会計では現金の回収とは関係なく商品やサービスを提供したときに売上として計上することになっている』と言ったから、売上のことは問題ないと思い込んでいたんだ」

あかねは下を向いたまま頭を左右に振った。

「違う」

こんな状況で問題を人のせいにしている自分が情けなかった。

「うかつだった。これじゃあ買掛金の支払いもできないし、おじいちゃんの借金も返済できない」

後悔ばかりが募ってくる。

「父さんに気づかれただろうか」

あかねは不安になった。

「たぶん、父さんのことだから気づいているだろう。いや、それどころか私に買掛金の支払原資がないことを気づかせるために買掛金の返済シミュレーションまでしたのかもしれない」

そう思いながら、この期に及んで体面ばかり気にしている自分がいっそう嫌になった。後悔の念と自分を責める思いがあかねの頭の中に暗雲のように拡がっていった。胸の奥のほうが痛かった。

気がつけば、喫茶店のイスに座ったまま1時間以上が過ぎていた。まったく食欲はなかった。

暦の上では立春だというのにその日は今年一番の寒さで、外は木枯らしが吹き荒れていた。

SCENE

13

2月初め

あかねの自宅

現金が足りなくなって、倒産?

資金繰りのピンチ

喫茶店で長い時間を過ごした後、あかねは足を引きずるようにして浦安の自宅にたどり着いた。

「ただいま」

あかねの声は沈みこんでいた。

「どうした? なんか元気ないなぁ。あれから何かあったのか?」

龍一は食卓で夕刊を読んでいた。

「父さん、ちょっと相談したいことがあるんだけど」

龍一は、あかねのただごとではない雰囲気を感じ、組んでいた足をほどき背筋

を伸ばしてイスに座りなおした。すでに食事会から帰ってきていた順子も、台所でお茶の準備をしながら心配そうに2人の話を聞いていた。

「実は、今月末に仕入先に支払う600万円が用意できないの」

少し間をおいて龍一が言った。

「やっぱりそうか」

龍一はなんとなくそんな予感がしていた。

「実は、1000万円の売掛金が回収できるのは4月末なの。だから、今月末の買掛金の支払いもできないし、3月末に返すことになっていたおじいちゃんからの借金も返せない……」

あかねの声は消え入りそうだった。

「まずは落ち着け」

龍一がそう言っても、あかねは肩を落とし、下を向いたままだった。

しばらくの沈黙があってから龍一が口を開いた。

「売掛金の回収を早めることは本当に無理なのか？　恥ずかしい話かもしれない

が、事情を話してお客様に早めに入金してもらうようお願いしてもいいんじゃないか」

「でも、４月末の支払いでいいって言っちゃったもん」

そう言いながらも、あかねは龍一の言葉を聞いてハッとした。「売掛金の支払日は決まっていたが、事情を話してお願いすればどうにかなるかもしれない」とあかねは思った。

「そうかもしれない。しかし、お願いしてみないとわかんないじゃないか。確かに１０００万円は大金かもしれないが、相手は大きな会社なんだろ？」

あかねはしばらくうつむいたままだったが、顔を上げ龍一の方を見て言った。

「そうね。すごく混乱して何も考えられなかったけど、やれることはまだまだあるかもしれないわ」

あかねは、勇気を持って売掛金の支払いを早めてもらうように客先に頼んでみようと思った。そう考えると少し希望が出てきた。

「そうだ。あかねにはまだまだやれることがあるとお父さんは思うよ。いま話すことじゃないかもしれないけど、お父さんはいままでたくさんの経営者を見てきた。そんな中で思うんだが、見栄を張る経営者はなかなかうまくいかない。ベンツに乗っていても、お金がなくなれば平気で軽自動車に乗り換えられるくらいじゃなきゃ会社を続けていくことは難しい。見栄を張るために無理をしたり嘘をついたりしたら、雪だるま式に状況が悪くなっていく。失敗は誰にでもある。恥だとかカッコ悪いだとかと思わず、自分がいまできることを考えることが大切だ」

龍一はこんな場面で娘に説教してもしょうがないと思いながらも、常々思っていることがつい口から出てしまった。龍一はあかねに６００万円貸してやりたいとも思ったが、それはあかねのためにならないと考えていた。かわいそうだけど自分の力でなんとかしてもらうしかなかった。ただ、目の前で苦しんでいるあかねを見ていると龍一も心が痛んだ。

「父さん、ありがとう。もう少し考えてみるわ」

あかねは居間を出て自分の部屋に向かった。

あかねが部屋に入ったのを確認してから、台所で不安そうに２人の話を聞いていた妻の順子が龍一に言った。

「あかねに600万円貸してあげるわけにはいかないんですか。お金が入ってくることは間違いないんでしょう?」

龍一は順子の方を見て静かに言った。

「そりゃ、貸してやりたいよ。俺も辛い……」

「……」

「おまえは本当にあかねにお金を貸してやるべきだと思っているのか?」

「……」

「あかねはいまとても大切な局面にいる。俺たちの世代もそうだけど、あかねの世代も何不自由なく育ってきた世代だ。苦労していないから打たれ弱い。人間が大きくなるには苦しい局面を乗り越えるという経験が必要なんだ。追い込まれたときにどう考え、どう行動するかで人間の値打ちが決まってくる。失敗するならいま失敗しておいたほうがいい。今後社長としてもっともっと大きな苦難に直面することになるだろうからな。『最近の若者は……』なんて大人は言うけど、最近の若者をダメにしているのは彼らを甘やかしている我々親世代だ。豊かな時代だからこそ厳しさが必要なんじゃないかな」

「それは、あなたがおっしゃる通りだけど……」

「あかねにビジネスを続けていけるだけの能力があるかどうか、そしてビジネスを続けていくかどうかのあかね自身の覚悟がいま問われているんだよ」

「……」

「それに……、あかねはまだまだ大丈夫だと思っているんだ、俺は」

　龍一は自分に言い聞かせるようにそう言った。


　あかねは少し気を取り直して自分の部屋でひとり考えていた。いろいろ方法はあると言われたものの、現実的にはできることは限られていた。

　仕入先に買掛金の支払いを延期してもらうことも考えられたが、今後の取引のことを考えると得策ではないような気がした。今回の６００万円の買掛による仕入れが、あかねの会社と仕入先との間での最初の買掛による取引であり、先方の担当者からも、特に最初は買掛金の支払いが遅れないようにと念を押されていた。

「買掛金の支払いを延期すべきではない。これは見栄の問題ではなく信用の問題だわ」

あかねはそう思った。

買掛金の支払いだけじゃなく、3月末には祖父への返済もある。祖父は「あかねを信用して、あかねに融資するんだ」と言ってくれた。「約束を守ることで信頼が築かれていくんだ」という祖父の言葉があかねの頭に蘇ってきた。祖父との約束が守れないことを考えると、胸が締め付けられるように痛かった。

ただ、あかねは喫茶店に居たときほど混乱はしていなかった。

「解決すべき問題はひとつじゃないけど、できることから一つひとつやっていくしかない。まずは買掛金の支払い、次が借金の返済」

あかねは落ち着いて考えられるようになっていた。

「売掛金の回収を早めるしかないな」

あかねはそう思った。これ以上考えてもどうしようもないので、気持ちを切り替えてお風呂に入ることにした。お風呂にゆっくり浸かって少し元気が出てきたが、その夜はベッドに入ってからもなかなか寝つけなかった。

あかねは次の日の朝一番に客先に電話をした。担当の人は「自分ではわからないので」と言って、経理担当者の名前と電話番号を教えてくれた。だが、経理担当者の答えは最悪だった。

「会計のシステムができあがっているので例外処理は無理であり、契約書も交わしているので契約書通りに処理させてもらいます」

取り付く島もない言い方だった。

「そっ、そこをなんとか」

と言える雰囲気ではなかった。

あかねの頭を「消費者金融」とか「やみ金」という言葉がよぎった。このように追い込まれて、経営者は高利の借金に手を出すのかもしれないなと思った。あかねはひとり、底なし沼に落ちていく恐怖を感じた。

そんなとき、あかねの頭にふとある人の顔が浮かんだ。

SCENE 14

2月中旬

丸の内のオフィス

投資顧問会社に出資を依頼する

売掛債権担保融資

あかねは丸の内の高層ビルの中にある会議室に居た。会議室からは皇居が見下ろせた。何か自分が別世界に居るような気がした。冬の引き締まった空気のせいか外は澄み渡っていた。素晴らしい景色なのに、あかねにはその景色を楽しむ精神的な余裕はなかった。資金繰りのことばかりが気になっていた。

会社は赤字になっても倒産はしないが、お金が回らなくなったら終わりだということが、今回のことでよくわかった。利益とは会計のルールに従って計算された数字でしかない。会社の存続という意味では赤字か黒字かは問題ではない。会社はキャッシュ（現金）が続かなくなったら終わりなのだ。

倒産したら多くの関係者に迷惑をかける。資本を出してくれている出資者やお金を貸してくれている債権者の期待を裏切り、彼らのお金をドブに捨てたような形にしてしまう。従業員とその家族を路頭に迷わせることにもなる。取引先にもお客様にも迷惑がかかる。経営者は決して会社を潰してはならない。

窓の外をぼんやりと眺めながらそんなことを考えていたら、突然コンコンとドアを叩く音がして倉橋が入ってきた。

「やぁ、あかねちゃん、久しぶりだね」

入ってくるなり、倉橋は満面の笑みを浮かべ、快活な声で言った。

「こんにちは。ご無沙汰しています。今日はお忙しいところお邪魔して申し訳ありません」

あかねは立ち上がって返事をした。

「全然構わないんだけど、あかねちゃん、素敵なお嬢さんになって」

倉橋は今日のあかねに会うまで、高校生の頃のあかねのイメージしか持っていなかった。

「ありがとうございます」

あかねはお礼の意味で軽くおじぎをしながら言った。

「お世辞じゃないよ。まあ、どうぞ」

倉橋に促され、あかねはイスに座った。

「倉橋さんは相変わらずお元気そうですね。倉橋さんがうちによく遊びに来てくださっていたのは10年くらい前だったでしょうか？」

倉橋は東大卒で、ハーバードビジネススクールでＭＢＡを取得した秀才。30歳のときに勤めていた大企業を辞めて教育会社を設立した。ちょうどその頃、倉橋と龍一はあるプロジェクトで一緒に仕事をしていて、倉橋はあかねの家にもよく遊びに来ていた。その後、倉橋の教育会社は見る見るうちに大きくなり、いまは事業を部下に任せて倉橋自身は投資顧問会社を経営していた。ハンサムで背も高く、あかねは昔から倉橋に憧れていた。

「そうだね。僕が会社を設立した頃だからなぁ。そうそう、あかねちゃんが高校生の頃だったな。あかねちゃんはあれからオーストラリアに留学したんだったよね。去年、お父さんにお会いしたとき、あかねちゃんが会社を興したって聞いたよ」

「そうなんです。実はその会社のことで今日は相談があって伺いました」

あかねは事業の内容や、会社を設立してから現在までのことをかいつまんで説明してから、単刀直入に言った。

「倉橋さん、私の会社に出資していただけませんか」

倉橋は驚くこともなく、笑顔のままで答えた。

「お父さんに似て、一本気だな、あかねちゃんは。経緯はわかったけど、少しあかねちゃんのビジネス観について聞いてもいいかなぁ。あかねちゃんは何を大切にしてビジネスをやってるの？」

あかねは少しだけ考えてから話し始めた。

「私はビジネスで一番大切なのは人を幸せにすることだと思っています。どこの国でも、人は大切な人に自分の心を伝えるために贈物をします。私はオーストラリアに留学した当初、ほとんど現地の人の会話が聞き取れませんでした。そんな不安でいっぱいだった頃の私に、ホームステイ先の奥さんが私の横に座り、丸くてきれいな石を私の両手の上に載せ、その石を握った私の手をそっと両手でつつんで、“Don't worry. I will always stand by you.”（心配しないで。私がいつもあなたのそばにいて力になってあげるから）と言ってくれました。その言葉に私はどんなに救われたことか。その言葉とともにその石は私の宝物なっています。その石を見るといまでも心が温かくなります」

　ストーンに出会ったときの気持ちが、あかねの創業の原点だった。

「私は、大切な人に心を伝えるお手伝いがしたいと思っています。ストーンには将来性があります。多くの人が言うように、21世紀は間違いなく心の時代になるでしょう。正しく言えばストーンに将来性があるのではなく、心の時代になる21世紀に、ストーンは、私が経験したように人と人との心をつなぐ重要な役割を担っていくと思います。

　誰かの役に立っていることを実感することは私を幸せにしてくれます。それは趣味とか遊びとかでは味わえない幸福感です。もうひとつ、仕事を通して味わえる喜びは、新しいものを創造するということです。いままでになかった新しい商品やサービスを創造することは私にとって大きな喜びです。私が生まれて、もの心ついた頃にはすでにバブルは崩壊し、ちょうど小学生から中学生にかけての一番多感な頃に、友人の父親たちがたくさんリストラされました。私たちの世代は会社が必ずしも頼りになるものではないことを原体験として知っています。私たちは自分たちの力で生きていくためにも、新しい価値を創造していかなければならないと思っています」

　倉橋はとうとうと話すあかねに見とれるように、あかねの話に聞き入っていた。

「国内における会社と人間の関係性の変化だけでなく、ビジネスの世界では〝国境〟という概念がなくなりつつあります。人も金も情報も国境を越えて行き来しています。現に私の仲のいい友達は世界中に散らばっています。これからは国境を越えて、同じ志と価値観を持つ人たちが共に働く時代になると思います。もちろん私のビジネスもグローバルに展開させていくつもりです。私にとっての起業は、このグローバルな時代への挑戦でもあります。

　私にとってのビジネスは、人への貢献であり、価値の創造であり、新しい時代への挑戦です。これが私のビジネス観であり、このContribution・Creation・Challengeの3つのCが社名のシースリー（C^3）の由来でもあります。

私は高校生の頃、倉橋さんがわが家におみえになって、父と一緒にお酒を飲みながら天下国家を語っておられた姿がとっても素敵に思えました。当時倉橋さんが『これからの日本の若者のために教育会社をつくったんだ』とおっしゃっていたことはよく覚えています。そんな倉橋さんなら私の気持ちを理解していただけるのではないかと思い、今日はここに伺いました」

あかねは一息に自分の思いをぶちまけた。

「すごいな、あかねちゃん。すごい。立派だ」

倉橋は掛け値なしに感動して言った。

「ドラッカーは未来に何かを起こさせるのに必要なものは『勇気』と『努力』と『信念』[31]だと言っている。あかねちゃんにはその3つが備わっている。あかねちゃんは将来きっと立派な経営者になるよ。僕も応援する」

「ありがとうございます！」

あかねは自分の思いをぶちまけた清々しさと、倉橋に共感してもらえたうれしさから、元気よくお礼を言った。

31……『[ドラッカー名著集] 創造する経営者』P・F・ドラッカー著、上田惇生訳、ダイヤモンド社。

「しかし、あかねちゃん、残念だけど出資はできないんだ。僕の会社は１億円未満の出資案件には対応しないというのがルールなんだ」

「えっ？　１億円？」

「あかねちゃんの話からすると当面、買掛金の６００万円と融資の元利返済分２１０万円、合計８１０万円が必要なんだったよね。話を聞くと、あかねちゃんの会社には売掛金がある。売掛の商売の契約書もあるんだったら『売掛債権担保融資』という方法でお金を借りることもできるよ」

「売掛債権担保融資？」

あかねは、出資を仰ぐために興奮して自分の思いをぶちまけた最後が、金融商品の紹介だったのでなんだか拍子抜けしたような気分だった。

倉橋はそんなあかねの気持ちにはお構いなしに続けた。

「そうだ。売掛金を担保にお金を借りる方法だよ。ただ、あかねちゃんの会社は実績が乏しいから売掛債権担保融資も使えないかもしれないな……」

倉橋は独り言のようにそう言った後、「ちょっと待ってて」と言い残して席を外した。

しばらくして戻ってきた倉橋は、あかねに向かってこう言った。

「うちの会社は1億円未満の投資案件には対応しないことになっているけど、有望なベンチャー企業への融資制度を持っている。担当者にあかねちゃんの会社への融資が可能か検討するように伝えておいたから、この後担当者に状況を説明してくれるかな」

「ありがとうございます」

あかねは立ち上がって深々と倉橋におじぎをした。

SCENE

15

2月中旬

ホテルのバー

先輩経営者たちの想い

それぞれの世代の貢献と創造

「先日、あかねちゃんが突然僕の事務所に来られましてね」

「何かご迷惑をおかけしましたでしょうか？」

倉橋と龍一はホテルのバーで飲んでいた。カウンターの前は全面のガラス張りになっていて、雪がしんしんと降っているのがカウンター越しに見えた。

「いや、迷惑どころか、新鮮な感動をもらいましたよ。あかねちゃん、見違えるように立派になってたな」

「まだまだ、ひよっこですけどね」

「確かに、経営者としては勉強しなければならないことがたくさんありそうです。

しかし、経営者にとって一番大切なものは、その人がどんな思想を持っているかだと思います」

「それはそうでしょうね」

「そういう意味では、あかねちゃんはいいものを持っている。『倉橋さんは日本の若者を育てるために会社をつくったんでしょ』なんて言われましたよ」

「ハッハハハハ、そう言えば10年ほど前、倉橋さんはそう言ってましたよね」

「あかねちゃんにシースリー（C^3）という会社名の由来も聞きました。貢献と創造と挑戦。あかねちゃんの話を聞いていると、我々もまだまだやることがあるなって思いましたね」

「そうですね。あかねと話をしていると親子の血のつながりを感じることがありますよ。私も若い頃、貢献だ、創造だ、挑戦だと言っていたような気がします。私も私なりにいろんなことをやってきたつもりではありますが、最近私はこの55年の人生で何をしてきたのだろうかって考えることがよくあります。忸怩《じくじ》たる思いというんでしょうか。私にも若いときには大きな夢や理想があった。しかし、人生を歩んでいく中で、自らの能力の限界を一つひとつ突きつけられていく。人生というのはある意味残酷ですね」

ウイスキーの氷がカランと音を立てて静かにくずれた。

龍一の話を聞きながら、同じように自分の人生を頭の中で振り返っていた倉橋だったが、重い空気を振り払うように話題を変えた。

「そうそう、あかねちゃんは資金繰りに悩んでいたようでしたので、売掛債権担保融資のことを紹介しておきました」

倉橋は、倉橋の会社であかねへの融資を検討していることは敢えて言わなかった。

「そうでしたか。それはどうもありがとうございました」

しばらくの沈黙があった後、倉橋がつぶやくように切り出した。

「寺坂さん。寺坂さんはこれからどうなさりたいんですか？」

「……」

龍一はガラス越しの雪を見たまま何も答えなかった。

倉橋が続けた。

「最近私は思うんですが、私たちはもう『俺が、俺が』と言って自らが社会の中心になるような歳ではなくなったのかもしれません。私はまだ40歳ですが、私の会社の仕事の中心はもう部下たちに移っています。ただ、既存の仕事の中心は若い世代に移っていったかもしれませんが、私たちも私たちなりにいかに社会に貢献し続けるか、どんな新しい価値を生み出していくかを考え続けるべきではないかと思うんです。僕は死ぬまでそうしていきたいと思っています」

「さすが倉橋さんですね。生きる意味を真剣に考えれば、貢献と創造がキーワードになってくる。だからドラッカーも貢献とイノベーションを大切にしていたんでしょうね」

「貢献も創造もない人生って寂しいじゃないですか」

2人ともウイスキーグラスを片手にしたまま、それぞれにしんしんと降りしきる外の雪を眺めていた。

SCENE 16

2月下旬

原宿のお店

借入金を返済すると財務3表はどう変わる？

買掛金の支払いと借入金の返済

「売掛債権担保融資」というのは、読んで字のごとく売掛金を担保にしてお金を借りることだった。もう少し正確に言えば、現在は「流動資産担保融資」という名前に変わっていて、売掛金や在庫を担保にして金融機関からお金を借りるときに信用保証協会[32]が債務保証をしてくれるというものだ。

ただ、中小企業庁が所管するこの制度は、大手企業との継続的な取引があることが前提となっており、あかねの会社はこの制度を利用できなかった。

結局は、倉橋の会社が800万円のつなぎ融資をしてくれることになった。倉橋は担当者が会社の制度に従って審査した結果だと言ってくれたが、倉橋が大き

32……信用保証協会とは、中小企業が金融機関から事業資金の融資を受ける際に、公的機関としてその保証人になって借入を容易にするなど、中小企業の金融支援のために設立された特殊法人のこと。

な後ろ盾になってくれたことは間違いなかった。

「これでどうにか無事期末を迎えることができそうだわ」

　あかねはそう心の中で言って、壁にかけてあるカレンダーを見た。あかねはまだひとりお店に残っていた。あと2日で2月も終わる。カレンダーの横に掛けてある時計の針が夜の9時を指そうとしていた。3月末の決算期を迎えるにあたって、あかねは今年1年の取引を整理していた。(図３－６)

「収支計算書の中の借入金はもともとあったおじいちゃんからの借入金２００万円に今回の倉橋さんの会社からの融資による借入金が８００万円加わり１０００万円になっている。借入金だからもちろんＰＬに変化はない。ＢＳの右側は借入金が１０００万円になって、もとの２００万円から８００万円増えている。ＢＳの左側は現金が50万円から８５０万円に８００万円増えている」

　あかねは表を見ながら確認した。

「これで、なんとか買掛金の支払いとおじいちゃんからの借金の返済ができそうだ」

図3-6　倉橋の会社からの融資による800万円の借入の記入

（単位：万円）

収支計算書（現金の出入りを表す表）

収入	
資本金	300
借入金	1,000
売上代金	1,200
収入合計	2,500
支出	
商品の仕入代金	600
事務所賃借料	120
広告宣伝費	30
機械装置代金	300
借入金返済	
人件費	600
利息の支払い	
支出合計	1,650
残高	850

PL（「正しい利益」を計算する表）

売上	2,200
費用	
売上原価	1,200
事務所賃借料	120
広告宣伝費	30
給料手当	600
支払利息	
費用合計	1,950
利益	250

BS（財産残高一覧表）

資産の部		負債の部	
現金	850	買掛金	600
売掛金	1,000	借入金	1,000
		純資産の部	
機械装置	300	資本金	300
		利益剰余金	250
資産合計	2,150	負債・純資産合計	2,150

数字を入れてあかねは改めてホッとした。

「買掛金の支払いをして借金返済をしたときの表をつくってみよう」

あかねは心の中でそう言って、表に数字を入れ始めた。(図3－7)

「まずは収支計算書。買掛金の支払いというのは商品代金の後払いだから、商品の仕入代金の600万円に買掛金の支払いの600万円が加わり、商品の仕入代金が1200万円になっている。PLは買掛金の支払いでは何も動かないんだったよね。買掛による仕入れは仕入れたときに売上原価に計上したもんね。BSの右側は買掛金という将来支払わなければならない義務を果たし終えたんだから買掛金が『0』になって、と。BSの左側はここで現金600万円を支払ったんだから現金850万円が250万円になる。これで収支計算書の残高の250万円と一致する」

あかねは、やっと会計の仕組みがわかってきた感じがした。

「次はおじいちゃんから借りていた200万円の支払いだ。利息は10万円だったっけ」

図3-7　**買掛金600万円の支払いの記入**　(単位：万円)

収支計算書(現金の出入りを表す表)

収入	
資本金	300
借入金	1,000
売上代金	1,200
収入合計	2,500
支出	
商品の仕入代金	1,200
事務所賃借料	120
広告宣伝費	30
機械装置代金	300
借入金返済	
人件費	600
利息の支払い	
支出合計	2,250
残高	250

PL(「正しい利益」を計算する表)

売上	2,200
費用	
売上原価	1,200
事務所賃借料	120
広告宣伝費	30
給料手当	600
支払利息	
費用合計	1,950
利益	250

BS(財産残高一覧表)

資産の部		負債の部	
現金	250	買掛金	0
売掛金	1,000	借入金	1,000
		純資産の部	
機械装置	300	資本金	300
		利益剰余金	250
資産合計	1,550	負債・純資産合計	1,550

あかねは借入金の返済に関して数字を入れようとしたがどう入れていいのかよくわからなかったので、龍一に電話をした。

龍一はすぐに電話に出た。

「父さんちょっと聞きたいことがあるんだけど、いま大丈夫？」

「大丈夫だけど。おまえはいまどこにいるんや？」

「お店だよ」

「お疲れさんやな」

「いまここで財務3表とにらめっこしてたんだけど、借入金の返済に関する記入の仕方がわからなくて」

「借入金の返済に関しては、借入金の元金部分と利息部分を分けて考えりゃいいんだ」

龍一はこともなげに言った。

「借入金の元金部分200万円を返済したらPLに変化があると思うか？」

「え～っと、よくわかんないわ」

「ホッホー、あかねも少し素直になってきたな。借入金の元金部分はPLには影

図2-20 事業活動とPL・BSの関係（再掲載）

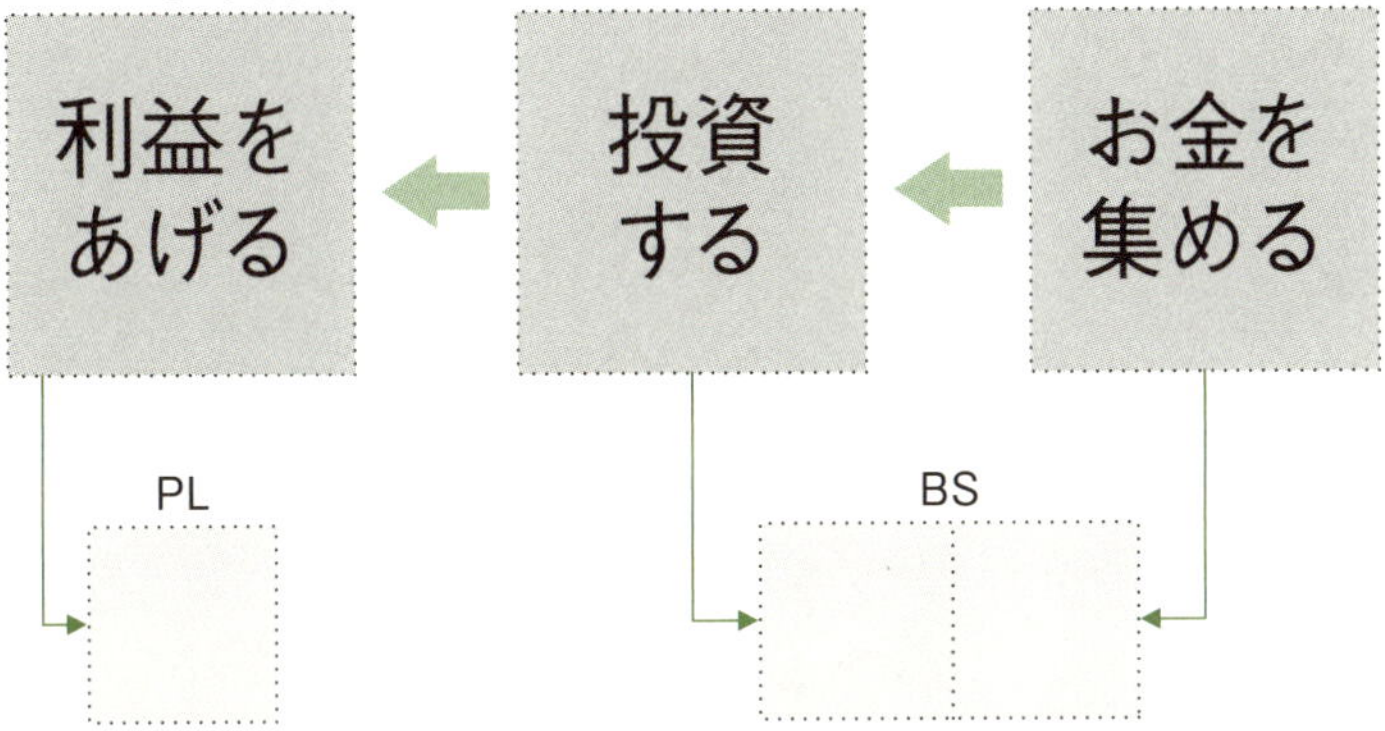

響ない。だって、２００万円の借入をしたときにＰＬに影響があったか？　会社の３つの事業活動とＰＬ・ＢＳの図を見ればすぐわかる」（図２－20再掲載）

「見てるわ。借入金はＰＬには影響ないわね」

　あかねは、以前龍一に教えてもらった大学ノートを見ながら言った。

「そうだろう。借りたときにＰＬに影響がなかったものが返すときにＰＬに影響が出るはずがない。つまり、借入金の元金部分は借りようが返そうがＰＬには影響ない。しかし、利息というのは借入金ではない。あかねの会社は２００万円の借入をして事業活動をしている。利息というのは借入金に対する費用のようなものだからＰＬに費用として計上しておく必要がある」

「なるほど、そういうことね」

「じゃあ、まとめて言うぞ。借入金の元金２００万円はＰＬに影響なし。利息の10万円はＰＬに影響あり。現金をおじいちゃんに支払うのは元金の２００万円と利息の10万円、合わせて２１０万円ってことだ」

「よくわかった。父さん、ありがとうね」

「おやすい御用だ。それより、そろそろ帰ってこいよ」

「ありがとう。もうちょっとだけ数字とにらめっこしてから帰るわ」

「あぁ、あんまり無理すんなよ」

「ありがとう。じゃあね」

　電話を切ってからあかねは早速表に数字を入れてみた。（図３－８）

「収支計算書では、元金２００万円の返済と利息10万円の支払いがよくわかるように別々に記入した。『借入金返済』が２００万円で『利息の支払い』が10万円だ。ＰＬに元金の返済は影響ない。ＰＬに表れるのは支払利息の10万円だけ。これによって利益が２５０万円から２４０万円に下がった。ということはＢＳの右側の

図3-8　借入金200万円の返済と利息10万円の支払いの記入

（単位：万円）

収支計算書（現金の出入りを表す表）

収入	
資本金	300
借入金	1,000
売上代金	1,200
収入合計	2,500
支出	
商品の仕入代金	1,200
事務所賃借料	120
広告宣伝費	30
機械装置代金	300
借入金返済	200
人件費	600
利息の支払い	10
支出合計	2,460
残高	40

PL（「正しい利益」を計算する表）

売上	2,200
費用	
売上原価	1,200
事務所賃借料	120
広告宣伝費	30
給料手当	600
支払利息	10
費用合計	1,960
利益	240

BS（財産残高一覧表）

資産の部		負債の部	
現金	40	買掛金	0
売掛金	1,000	借入金	800
機械装置	300	純資産の部	
		資本金	300
		利益剰余金	240
資産合計	1,340	負債・純資産合計	1,340

利益剰余金も２５０万円から２４０万円に10万円下がっている。さらに借入金が１０００万円あったものが２００万円返済して８００万円になっている。これでＢＳの右側は合計で２１０万円下がった。ＢＳの左側は元金２００万円と利息の10万円、合計２１０万円を支払うのだから現金は２５０万円が40万円になっている。これでＢＳの左右はどちらも２１０万円下がったことになる。

　これが期末に予想される決算書か。なんとか利益は出たが、現金は40万円しか残ってないってことか……」

　あかねは最終の数字が見えてきたのでうれしくなった。夜の10時になろうとしていたが、数字が見えてきたことを伝えたくてもう一度龍一に電話した。

「父さん、おかげさまで最終の数字が見えてきたわ。なんとか利益が出そうなの」

「遅くまでお疲れさんやな。でも、ちょっと聞くけど、決算整理までちゃんとやってんのか？」

「決算整理？」

「減価償却費や在庫の計上のことだ」

「えっ？」

あかねは「減価償却」という言葉を聞いて、会社設立直後に銀行に行って担当者と会ったときのことを思い出した。

あかねの思いとは関係なく龍一は続けて言った。

「えっ、じゃないだろ。決算整理をせずに最終の数字とは言えないぞ。決算整理についてはまたお父さんの事務所で説明してあげよう。月末に棚卸しをしてからだな。今日はもうそろそろ帰っておいで。今日もまだ晩御飯食べてないんだろ？」

「ありがとね。でも、今日はサンドイッチとか少しつまんでるから大丈夫。もうすぐ帰るって母さんに伝えといて」

「わかった。じゃあな」

そう言って龍一は電話を切った。

第3部のポイント

1 収支計算書と複式簿記の大きな違いは、複式簿記が現金の動きのない取引を記載することだ。ということは、現金の動きのない取引である掛け商売（売掛・買掛）が理解できれば、複式簿記の難解な部分は概ね理解できたと考えてよい。

2 事業が拡大しても現金が足りなくなることがある。

3 会社は赤字になっても倒産しないが、キャッシュ（現金）が回らなくなったら終わりである。

4 借入金はそれを借りようが返そうがPLに影響はないが、利息はPLに影響する。

PART

4

第4部

1年間の経営の成績表
——決算と配当

素人同然だったあかねがアクセサリー販売の会社をつくって、なんとか1年が過ぎた。

会社は1事業年度（通常1年間）の事業の状況を決算書によって報告する。期末には決算整理を行い、その期の正しい利益を計算し税金を計上する。

決算整理？　減価償却？　原価の計算？　配当？　あかねにとってはまだまだわからないことが多い。

あかねは龍一の指導のもとに決算を行い、株主総会と経営計画発表会を開く。

SCENE
17

3月末

日本橋の事務所

年度末の棚卸しについて教わる

決算整理（減価償却、棚卸し、税金）

年度末の3月31日、あかねはお店をお休みにして理恵ちゃんと一緒に棚卸しを始めた。実際に在庫がどれだけあるか一つひとつチェックしていくのが棚卸しという作業なのでけっこう手間がかかる。ただ、作業しながら理恵ちゃんといろんな話ができたのがうれしかった。

いままであかねは理恵ちゃんの家庭のことは何も聞いていなかったが、実は理恵ちゃんの両親は離婚していた。理恵ちゃんは母親と中学生の弟と3人で暮らしていた。母親は家の近くのスーパーで働いているが、体が弱く仕事を休みがちらしい。だから理恵ちゃんのお給料が、片岡家にとってはとても重要な収入源だっ

た。

あかねは理恵ちゃんに初めての給料を渡したときのことを思い出した。給料を渡してしばらくしてから、理恵ちゃんは初めてのお給料でお母さんにハンドバッグを弟にはサッカーシューズを買ってあげたと報告してくれた。今回理恵ちゃんの家庭の話を聞いて、あのときのお母さんへのハンドバッグと弟さんへのサッカーシューズは、片岡家にとってはあかねには想像もつかないほど大切なものだったんだなと思った。と同時に、あかねはいつだったか父が言っていた「経営者と従業員は立場が違うんだ」という言葉を思い出し、経営者としての責任の重さを改めて自覚した。

棚卸しの作業をした日の夕方、あかねは龍一の事務所を訪ねた。

「父さん、その先の歩道の桜に花がついてたよ」

「おお、そうか。桜の開花か。思えばあかねと一緒に資本金の払込みに行ってからはや1年だな」

「早かったわ、この1年」

「そりゃ、ええこっちゃ。時間の流れが早いというのは充実してた証拠や」

その通りだとあかねは思った。時間がアッという間に流れると感じるときこそ、後で振り返ると貴重な経験をしているものだ。あかねは中学や高校のときに部活動をやっていた頃のことを頭に浮かべながらそう思った。

「それじゃあ、今日は減価償却の話から始めよう。去年の5月にレーザー加工装置を買ったときに気づいたんだよな。その期に使いきるものと長年にわたって使うものでは会計上の取扱いが違うんじゃないかと」

「そうだったね。あれから会計の勉強が始まったんだ」

「何度も話をしてきたけど、ＰＬはその期の正しい利益を計算する表や。だとすれば、レーザー加工装置の費用を今期にすべて計上するのはおかしい話だわな。レーザー加工装置の代金３００万円を今期に支払ったのは間違いないけど、ＰＬの費用に計上するときには使用する期間に按分して計上するんや。レーザー加工装置の耐用年数が6年だとすると、３００万円÷6年で、毎年50万円ずつＰＬに計上する」（図４－１）

「レーザー加工装置の使用期間って誰が決めるの？」

図4-1　減価償却費の考え方

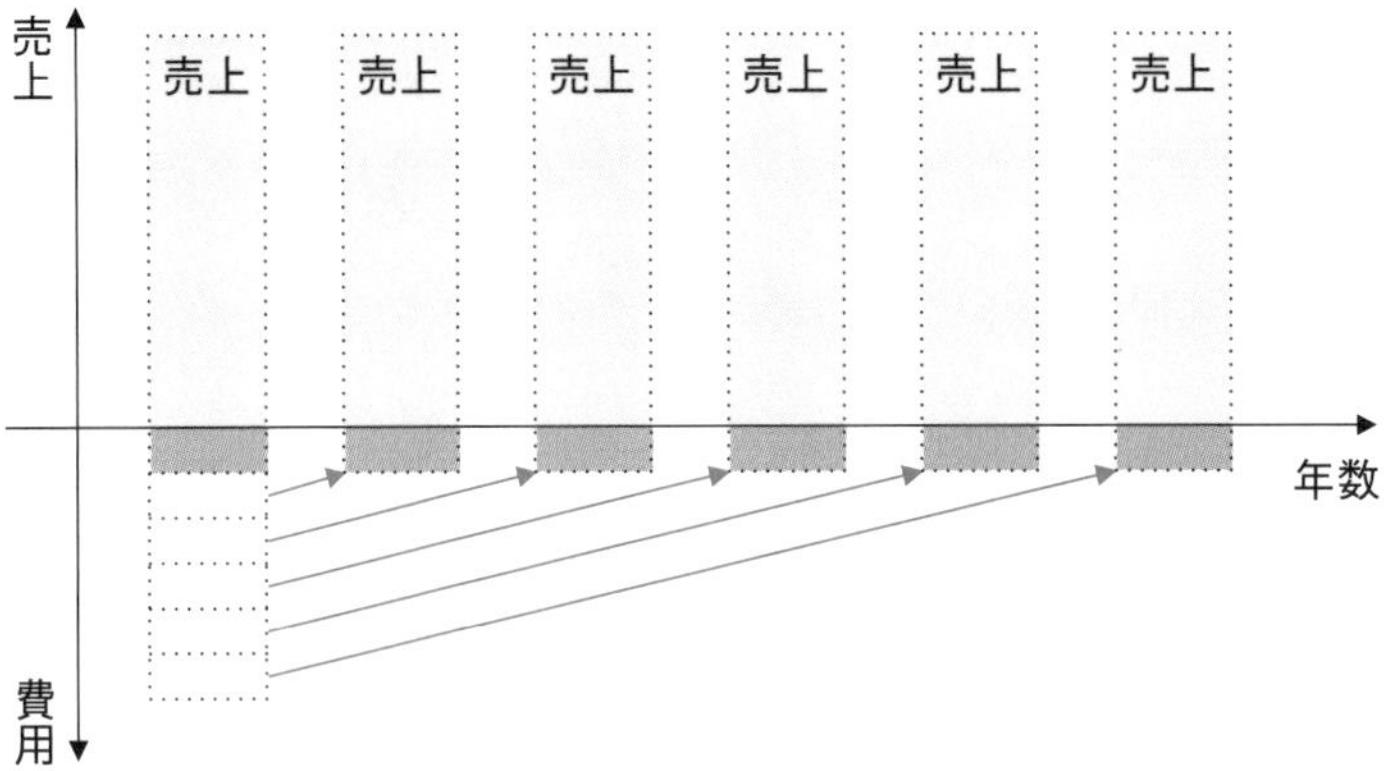

「いい質問だ。会計の第一の目的は会社の正しい状態を数字で報告することだから、会計上で言えば実際に使用する期間を使えばいい。だけど、実はここに税法が影響してくる場合がある。税金を計算するのは税法の世界だ。税法の第一の目的は税金を公平にとることだから、たとえば同じ機械なのに、各社が使用期間を勝手に決められたら公平に税金をとれなくなる。そこで、税金を計算するときの耐用年数は財務省令で決まっている法定耐用年数を使うことが義務づけられているんだ。会計と税法は別物だけど、現実的に中小企業などでは会計の世界でも税法の耐用年数を使って減価償却費を計算

している会社が多いんや。ここでは取り敢えず耐用年数6年で計算しておこう」

（図４－２）

「収支計算書は、減価償却費の計上で現金は動かないので何も変化しない。レーザー加工装置の代金は買ったときに機械装置代金として３００万円計上してるからな。ＰＬの減価償却費に50万円[33]が計上される。これはレーザー加工装置の１年分の費用ということや。これで利益が50万円下がったから、ＢＳの右側の利益余剰金も50万円下がった。ＢＳの左側は、ここで現金が出ていくわけではない。変化しているのは機械装置のところ。レーザー加工装置（機械装置）の価値３００万円だったものが、今期50万円の価値を使いきり、期末のレーザー加工装置（機械装置）の価値は２５０万円になっている。これが減価償却という考え方や」

「そういうことか。誰かが『減価償却は費用計上するが現金が出ていくものではない』」なんて言ってたけど、何のことだかわからなかったわ。そういうことだったのね」

「そういうことや。簡単な話やろ」

「そうね。でも複式簿記って本当によくできてるわね」

33……正しくは月割で計算されるが、ここでは話を簡単にするために1年分の費用を計上している。

図4-2　減価償却費の計上

（単位：万円）

収支計算書（現金の出入りを表す表）

収入	
資本金	300
借入金	1,000
売上代金	1,200
収入合計	2,500
支出	
商品の仕入代金	1,200
事務所賃借料	120
広告宣伝費	30
機械装置代金	300
借入金返済	200
人件費	600
利息の支払い	10
支出合計	2,460
残高	40

PL（「正しい利益」を計算する表）

売上	2,200
費用	
売上原価	1,200
事務所賃借料	120
広告宣伝費	30
減価償却費 （機械装置の1年分の費用）	50
給料手当	600
支払利息	10
法人税等	
費用合計	2,010
利益	190

（残高40 ⇔ 利益190：×）

BS（財産残高一覧表）

資産の部		負債の部	
現金	40	買掛金	0
売掛金	1,000	借入金	800
		純資産の部	
機械装置	250	資本金	300
		利益剰余金	190
資産合計	1,290	負債・純資産合計	1,290

あかねは表を見ながらつくづく感心した。

「この前説明した**売掛や買掛といった掛け商売と、この減価償却費がわかれば複式簿記の難しいところは大部分理解できたと言ってもいいくらいだ。収支計算書と複式簿記の大きな違いの1つが、複式簿記ではこれら現金の動きのない取引を記載してるということや。**どうして現金の動きのない取引を記載する必要があるかと言えば、人為的な事業年度（通常1年間）というある一定期間の利益を報告しなければならないからや。もし、事業年度という人為的な期間がなく、長い年月のことを考えれば、売上と費用と利益の動きは現金の動きと一致する。なぜなら、売掛も買掛もいずれは現金になるし、減価償却なんてことも考えなくてもよくなる」

「そうか。人為的な事業期間というのが、現金の動きのない取引の記載を必要にしたわけね」

「そういうことだ」

あかねは複式簿記の必要性、言葉を換えれば収支計算書の限界がよくわかった。

「次は、在庫の計上や。棚卸しはしてきたか」

「うん。理恵ちゃんに手伝ってもらって確認したの。１００万円分の在庫があったわ」

「そうか。じゃあ、あかねの会社の今期の正しい売上原価はいくらだ？」

「正しい売上原価？」

図4-3　正しい売上原価の計算

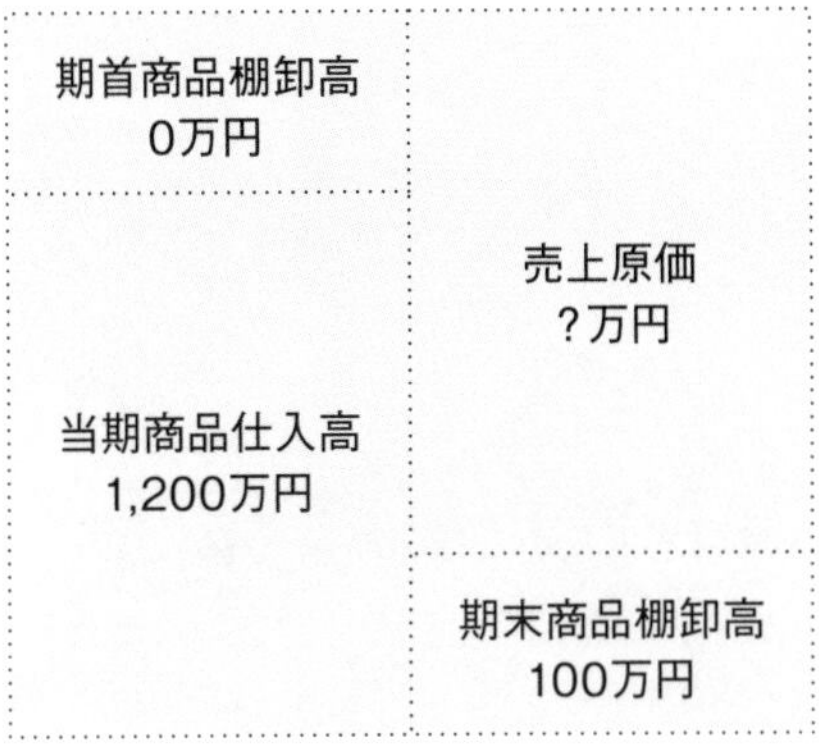

「そうだ。だって、仕入れは現金の仕入れが６００万円で買掛の仕入れが６００万円、合計で１２００万円だ。しかし、在庫が１００万円残っている。ということは、今期２２００万円の売上をあげるのに使った正しい原価はいくらだ？」
　そう質問したまま、龍一はホワイトボードになにやら図を描き始めた。
「これを見ながら考えるとわかりやすい」
（図４－３）

図を見ながらあかねが言った。

「期首商品棚卸高は会社設立初年度だったから『０』で、当期商品仕入高は、現金仕入れの６００万円と買掛の仕入れの６００万円で合計１２００万円。そして、期末商品棚卸高が１００万円ということは、今期の正しい原価は１１００万円ってこと?」

「そうだ。あかねの会社は実際には今期１１００万円の原価の商品を販売して２２００万円の売上をあげていたということだ。じゃあ、在庫を計上して今期の正しい売上原価を計算してみよう。(図４－４)

まずは収支計算書からや。在庫を認識しても現金は動かないよな。収支計算書は何も変化なし。ＰＬは、売上原価のところをちょっと書き換えたよ」

ＰＬの売上原価のところが書き換えられていた。

「期首商品棚卸高は設立初年度だったから『０』だ。当期商品仕入高は１２００万円。現金仕入れの６００万円と買掛の仕入れの６００万円の合計額だ。そして、期末商品棚卸高が１００万円ということは、今期の正しい原価は『差引』のところに書いてある１１００万円になる。１１００万円の原価のものを使って

図4-4　在庫の計上と正しい売上原価の計算　（単位：万円）

収支計算書（現金の出入りを表す表）

収入	
資本金	300
借入金	1,000
売上代金	1,200
収入合計	2,500
支出	
商品の仕入代金	1,200
事務所賃借料	120
広告宣伝費	30
機械装置代金	300
借入金返済	200
人件費	600
利息の支払い	10
税金の支払い	
支出合計	2,460
残高	40

PL（「正しい利益」を計算する表）

売上	2,200
費用	
売上原価	
期首商品棚卸高	0
当期商品仕入高	1,200
期末商品棚卸高	100
差引	1,100
事務所賃借料	120
広告宣伝費	30
減価償却費	50
（機械装置の1年分の費用）	
給料手当	600
支払利息	10
法人税等	
費用合計	1,910
利益	290

BS（財産残高一覧表）

資産の部		負債の部	
現金	40	買掛金	0
売掛金	1,000	借入金	800
商品在庫	100		
機械装置	250	純資産の部	
		資本金	300
		利益剰余金	290
資産合計	1,390	負債・純資産合計	1,390

２２００万円の売上をあげていたということがＰＬに表された。在庫を１００万円認識したことで原価が１００万円下がったから、利益は以前の１９０万円から２９０万円に１００万円増えている。この利益がＢＳの利益剰余金につながっているから、ＢＳの右側も１００万円増える。ＢＳの左側はどうなっているかというと、商品在庫に１００万円が計上されている。あかねの会社はこの期末に棚卸しをしたことによって、１００万円の商品在庫があることを会計上認識したということになる」

「なるほどね〜。これで最終的に完成っていうことね」

「おまえ、本当に詰めが甘いなぁ」

龍一があきれたように言った。

「あかねの会社は今期２９０万円の利益が出ているわけだから、当然税金を払わんといかんわな」

「あっ、そうか」

「それじゃあ、税金を計上しよう。減価償却費のところでも少し話したが、税金を計算するのは税法の世界だ。税金を計算するのは利益に税率を掛けるんじゃなくて、税法の世界で課税所得を計算して、その課税所得に税率を掛けて税額を計算する。税率はだいたい30％から40％くらいになるんだけど、今日は話を簡単にするために税額が90万円だったとして数字を入れてみよう」

「え〜っ、仮にって言っても税金が90万円だとすると税金を払うお金がないよ。だって、現金残高はこの時点で40万円しかないんだから。ほら、収支計算書の残高のところ見てよ」（203ページ図4－4）

「ほっほー、さすが経営者。しっかり数字見ているじゃないか」

「あったりまえよ。現金が足りないことではとことん苦しみましたからね」

あかねの数字を見る目は確かに鋭くなっていると龍一は思った。

「こういう状況になったら経営者のあかねはどうする？」

「……」

「こんなことが実際の現場ではよく起こっている。経営者は税金を支払うためにまた借金するんだ」

「そうなの？」

「そうだ。ＰＬは現金の動きを表す表じゃない。利益が出ているから現金があるわけじゃないんだ。いままで途中段階でつくってきた3表で、収支計算書の残高とＰＬの利益が一致したことがあったか？　ほとんどないだろう」

　あかねは、いままでにつくってきた表をめくってみた。

「本当だ。収支計算書の残高とＰＬの利益が一致したことはほとんどない」

「収支計算書は現金の動きを表す表、ＰＬは正しい利益を計算する表、この違いをよく認識しておく必要がある」

　あかねはだまってうなずいた。

「期末に自分の会社が税金を払うための現金があるのかどうかを意識しておくのは大切だ。ただ、この時点であかねが真っ青になる必要はない。なぜなら、その期の税金の支払いは決算日の翌日から数えて2か月以内に支払えばいいからだ。１か月後には１０００万円の売掛金が必ず回収できるんだろう？」

「ハ～ァ、命拾いした～。危ない、危ない」

「それじゃぁ、税金の計上をやってみよう」（図４－５）

「今期の税金は今期中には支払わないから今期の収支計算書はなんら変化なしだ。

図4-5　税金の計上

（単位：万円）

収支計算書（現金の出入りを表す表）

収入	
資本金	300
借入金	1,000
売上代金	1,200
収入合計	2,500
支出	
商品の仕入代金	1,200
事務所賃借料	120
広告宣伝費	30
機械装置代金	300
借入金返済	200
人件費	600
利息の支払い	10
税金の支払い	
支出合計	2,460
残高	40

PL（「正しい利益」を計算する表）

売上	2,200
費用	
売上原価	
期首商品棚卸高	0
当期商品仕入高	1,200
期末商品棚卸高	100
差引	1,100
事務所賃借料	120
広告宣伝費	30
減価償却費 （機械装置の1年分の費用）	50
給料手当	600
支払利息	10
法人税等	90
費用合計	2,000
利益	200

BS（財産残高一覧表）

資産の部		負債の部	
現金	40	買掛金	0
売掛金	1,000	借入金	800
商品在庫	100	未払法人税等	90
機械装置	250	純資産の部	
		資本金	300
		利益剰余金	200
資産合計	1,390	負債・純資産合計	1,390

ＰＬに今期の税額を計上するので利益が２９０万円から２００万円に下がっている。この影響でＢＳの純資産の部の利益剰余金も90万円下がった。ただ、ＢＳの左は今期中に今期の税金は払わないので何も変化がない。どこが変化したか？ ＢＳの右側の『未払法人税等』だ。あかねの会社は90万円の税金を支払う義務を負いました、となって今期が終了するんだ」

「その期の正しい利益の計算という考え方と、実際の現金の動きを明確に区別しているのね。複式簿記って本当にうまくできてるな～」

あかねは感心した。

SCENE
18

4月中旬

日本橋の事務所

株主に対して利益をどのように還元するか

配当とは何か

今日は龍一の事務所で配当についての考え方を教えてもらうことになっていた。一緒に住んでいる親子なんだから自宅で教えてもらってもいいのだが、やはりホワイトボードがあると講義を受けている感じがするので、今回も龍一の事務所を借りることにした。龍一の事務所の近くにある街路樹の桜はもう完全に葉桜になっていた。

龍一の講義が始まる前に、あかねはまじまじと自分の会社の財務3表を眺めていた。(207ページ図4-5)

「利益が200万円で、現金残高が40万円。このままでは税金を払うお金もないわ。なんとか利益は出せたものの、本当にあぶなっかしい綱渡りのような経営だったな～」

とあかねは独り言を言った。

「初年度から利益が出たんだからすごいじゃないか。お父さんの会社が単年度黒字になったのは会社設立4年目だからなぁ」

「そうなの？」

「そうだ。父さんの会社だけじゃなく、会社設立初年度で黒字にできる会社なんてほとんどない」

「じゃあ、喜んでいいんだ？」

「もちろん、喜んでいいとも。すごいことだ。ただ、途中にはいろいろと問題もあったけどな」

あかねの頭にこの1年のさまざまな出来事が蘇ってきた。

「それじゃあ、今日は配当の話だ」

龍一があかねに気合を入れるように大きな声で言った。

「これからの話は資本主義の論理に則って行う」

龍一は最初から大上段に構えたような言い方をした。

「資本主義の論理なんていうと難しく感じるかもしれないけど、つまりは会社は株主のものという考え方だ。日本では会社は誰のものかというといろんな議論があるが、アメリカで会社は誰のものかと聞けば、すぐに株主のものという答えが返ってくる。資本主義の論理から言えば、会社は株主のものだ。会社をＢＳで表しておくぞ。株主がこのＢＳの会社に出資して、この会社を保有している。ここでは１００％株主だと仮定しておくほうがわかりやすいだろう」

龍一はホワイトボードに図を描きながら言った。（２１２ページ図４－６）

「じゃぁ、このＢＳで表された会社が１年間事業活動を行い、売上をあげたとしよう。そして、すべての費用を差し引いて最終的に利益が残る。この利益は誰のものだ？」

「……」

「これは株主のものだ」

あかねは納得しかねていた。

図4-6　配当の意味（1）

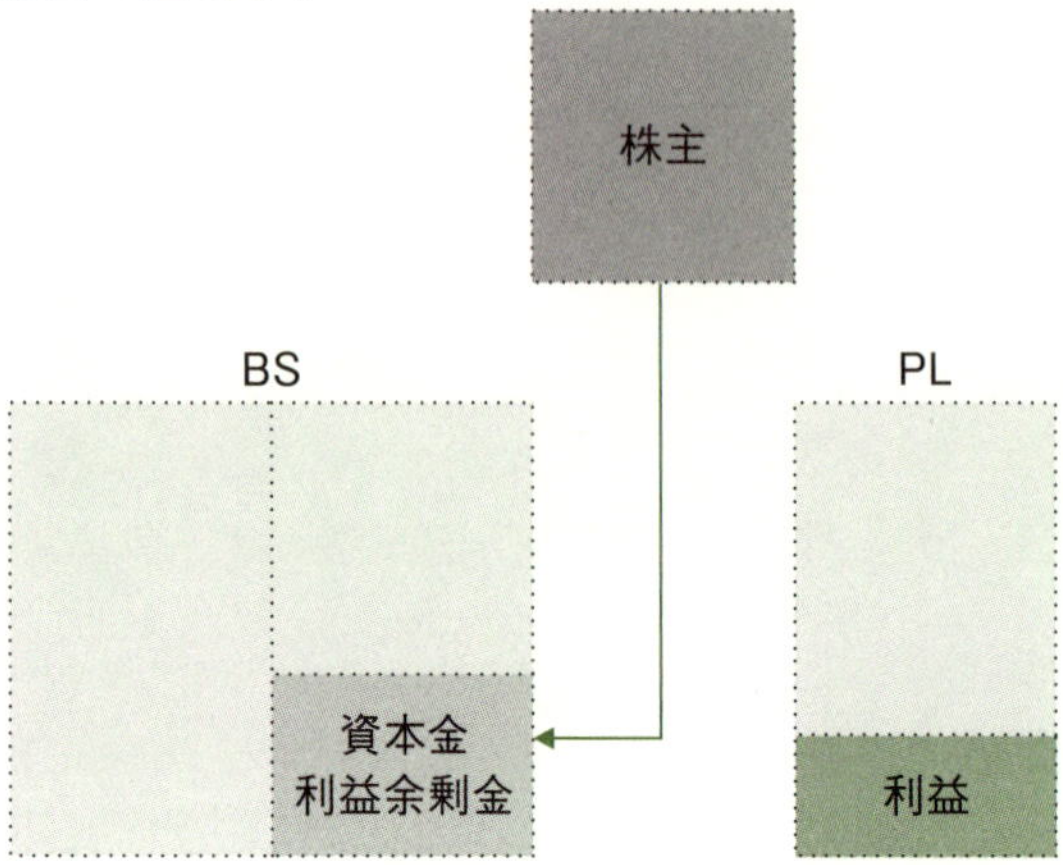

「そうは言ってもなかなか納得できないわな。この株主は何のためにこの会社に出資していると思う？　いろんな理由があるだろうが、一般的には株主は自分が持っているお金を株式投資で増やしたいから投資している。株主は自分のお金を増やそうと思えば、株式に投資する以外にいろんな運用方法がある。どんな方法がある？」

「不動産を買うとか定期預金に預けるってこと？」

「そうだ、その通りだ。たとえば、この株主がこの会社の株式に投資するんじゃなくて、定期預金にお金を預けていたとする。定期預金にお金を預けて

図4-7　配当の意味(2)

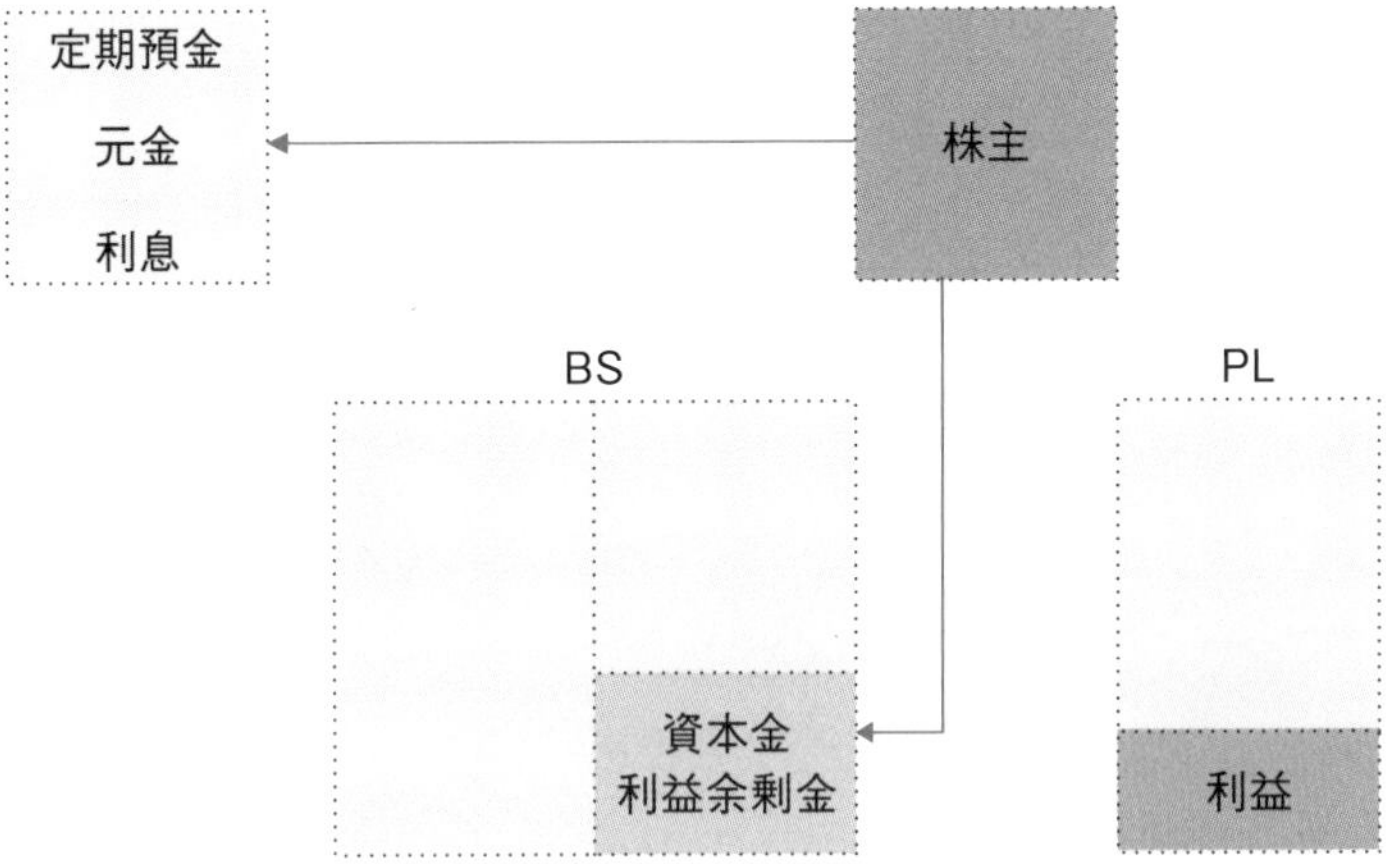

おくと利息がつくわな。この利息は誰のものだ？」(図4－7)

「そりゃ、もちろんその株主のものでしょ」

「その通り。実は、この定期預金における元金と利息の関係が、株式投資における資本金と利益の関係によく似ているんだ。定期預金にお金を預けた場合には、毎年利息部分を引き出して元金部分だけを運用していくのか、それとも利息部分を引き出さずに元金に加えて複利で運用していくのかは、定期預金にお金を預けるときにこの株主が決められることだ。株式投資においては、利益を毎年引き出すのが『配当』、

図4-8　配当の意味(3)

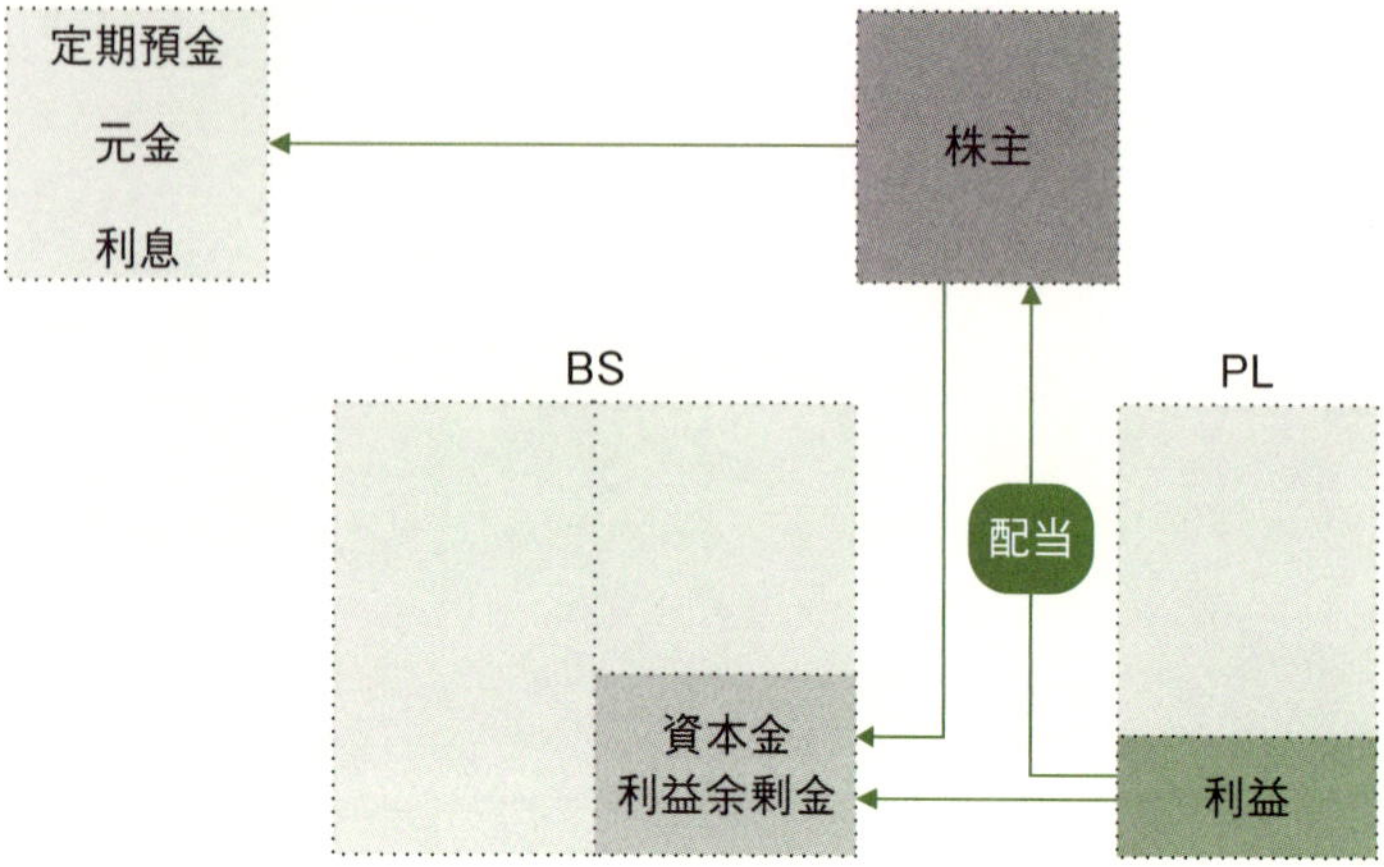

引き出さずにこの会社に再投資していくのが『利益剰余金』だ」(図4－8)

「配当ってそういうことだったの～」

　あかねは目からウロコが落ちたような気分だった。

「ただ、正しく言えば利益はいったんすべてBSの利益剰余金に積み上げられて、それが配当される分と利益剰余金として会社に残る分に分かれるんだが、概念的にいうと定期預金における元金と利息の関係が株式投資における資本金と利益の関係によく似ているんや」

「じゃあ、図の中で利益から株主に向かっている線は、現実的には利益剰余金から出て株主に向かうのね」

「そう考えてもいい。ただ、ここでは定期預金の元金と利息の関係が、株式投資における資本金と利益の関係に似ていることを説明するためにこのように書いた。そして、ここまでわかれば、資本主義社会における会計の仕組みが理解できるようになる」

あかねは配当の仕組みまでは理解できたが、龍一が言った「資本主義社会における会計の仕組み」という意味がわからなかった。

「去年、あかねと一緒に資本金を払いに行ったときだったかな。資本主義について教えたよな」

あかねはそのときのことをよく覚えていたので、すかさず答えた。

「資本主義とは、資本家が資本を出して労働力を買い生産を行う社会制度のことでしょ」

「そうだ。よく覚えているな。その資本主義の論理が、このＰＬとＢＳに現れているんだ」

龍一は図を指し示しながら説明した。（216ページ図4－9）

図4-9　資本主義の論理とPL・BSの関係

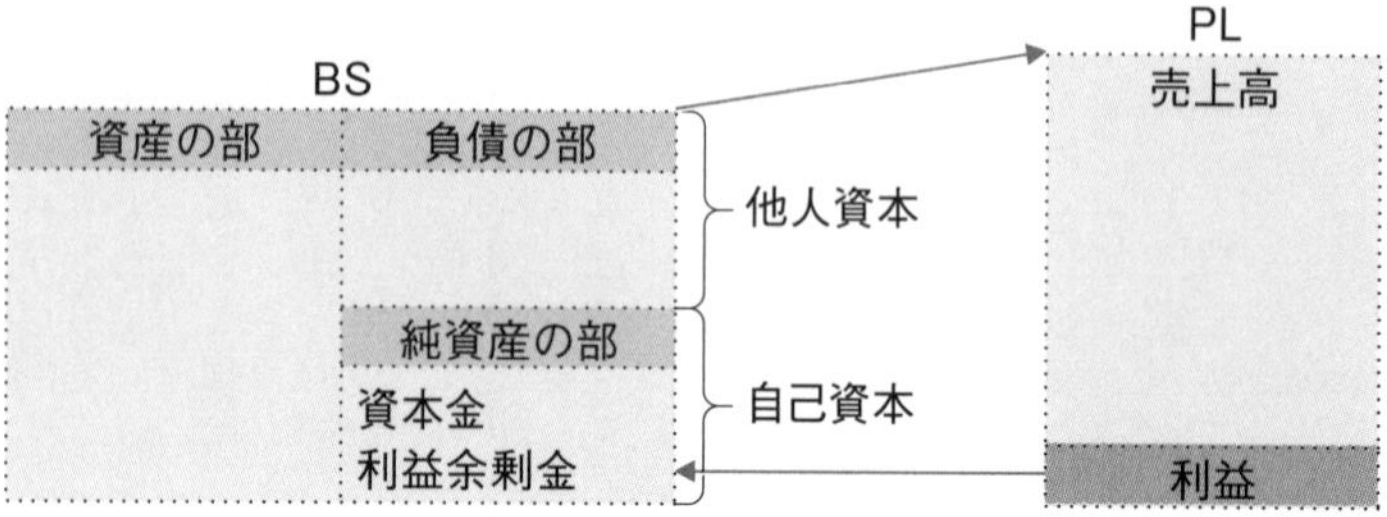

「まず、会社は株主の資本金から始まる。これを自己資本という。会社は株主のものだから自分の資本が自己資本だ。それに借入金などの他人資本を使ってお金を調達し、その自己資本と他人資本で集めたお金で工場などの資産を調達する。その資産を活用して売上をあげ、その売上を利益に変える。この利益が利益剰余金としてBSの純資産の部に積み上げられて、株主のお金が増えていくという形になっているんだ」

「ということは、会社は株主のお金を増やすために存在するっていうこと？」

「資本主義の論理から言えば、そうだ」

　あかねはなんとなく納得できなかった。

「おまえが納得できないような顔をしている気持ちはよくわかる。資本主義の論理から言えば、会社は株主のお金を増やすためにある。しかし、問題なのは資本主義という制度が完璧な社会制度ではないということだ。資本主義の論理に従って、ただ利益をあげるためだけに事業経営している会社が大きな問題を起こしている例が少なくない。あかねは会社の目的が株主のお金を増やすためにあるなんておかしいと思ってるんだろう？」

「そう。そんなのおかしいわ」

「それでいいんだ。『何かおかしい』と思う気持ちが大切だ。会社の目的は利益ではないと言っている人はたくさんいる。我々一人ひとりの人間は社会の一員だ。会社も法律で定められた人、つまり社会の一員だ。我々は社会から大きな恩恵を受けてこの社会に存在している。だから、社会の一員である我々は社会に貢献する義務がある。それは会社も同じだ。お金を稼ぐことしか考えていない人ってさもしいよな。会社も同じだ。自分の会社の利益しか考えていない会社って品格がないよな。つまらない会社だよな」

「そう考えていいのよね」

「それでいいんだ。だがな、人がお金がないと生きていけないと同じように、会社もお金がないと存在できない。お金は自分たちの存在のためになくてはならないものなんだ。お金と社会への貢献、その両方が必要だということを認識しておくことが大切なんや」

あかねは経営者として、この1年間お金の大切さを痛感してきたから龍一の言うことはよくわかる。

「我々は社会の中に存在しているんだ。あかねも、自分のことしか考えていない人とは付き合いたくないだろう。会社も同じだ。自社の利益のことしか考えていない会社はいずれお客様からそっぽを向かれる。だから、経営者としてなすべきことは、人間としてなすべきことと同じなんだ」

あかねはなんだかスッキリした。それに、父がそんな考えを持っていることもうれしかった。

「経営者としても、人間として恥ずかしくないことをしていこう」

あかねは強くそう思った。ただ、あかねにとってのこの1年は、理想だけでは生きていけない現実をつきつけられた年でもあった。

「父さん、理念と利益を両立するのって大変だね」

龍一はしばらくあかねの目を見つめていたが何も言わなかった。

あかねもそれ以上何も言わずに後片づけを始めた。

龍一はあかねの言葉とそのまなざしに、あかねがこの1年で大きく成長したことを感じていた。

SCENE

19

6月上旬

あかねの自宅

株主総会と経営計画発表会の回想

経営の面白さ

あかねは自分の部屋のベランダの手すりにもたれかかり、手すりの上に置いた両腕に顎《あご》を乗せ東京の夜景を眺めていた。梅雨入り前のこの時期は1年のうちでも最も気持ちのいい季節だ。爽やかな風がボブカットのあかねの髪を微かになびかせていた。

あかねは、今日1日の出来事を振り返っていた。龍一と2人で定時株主総会を開き、次の3議案の承認を受けた。

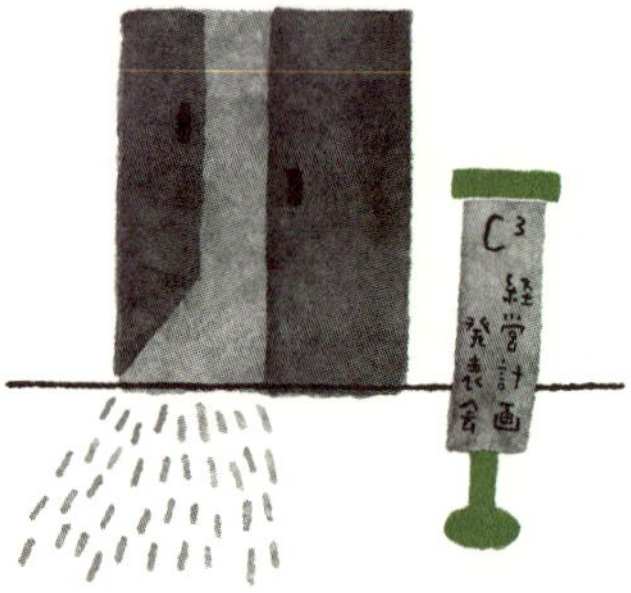

第1号議案　決算報告承認の件
第2号議案　役員報酬に関する件
第3号議案　剰余金の配当の件

株主総会といってもたった2人だから簡単なものだったが、法人としてやるべきことは正しく行った。総会終了後、総会成立の要件や承認内容を議事録にして、あかねと龍一が議事録に記名押印した。

その後引き続いて経営計画発表会を開いた。ホテルの会議室を借り、式次第もつくりフォーマルな式典として開催した。出席者は龍一と理恵ちゃん。そして倉橋さんと祖父が参加してくれた。龍一が知らないうちに連絡してくれていたのか、みなスーツにネクタイといったいでたちで参加してくれており、それが経営計画発表会をより一層フォーマルな雰囲気にしてくれていた。

会場に設置されていたスクリーンは参加人数に比べて少々大きすぎる感じではあったが、あかねは用意していたパワーポイントのスライドをスクリーンに映し出した。最初に初年度の決算の概要を説明し、その後に第2期の事業見通しを説明した。初年度から黒字だったが、あかねが資金繰りに苦労したことは参加者の誰もが知っていた。

第2期の事業見通しでは、すでに多くの企業から大量注文があり、そのほかにも具体的な引き合いがたくさんあること、商売の拡大により仕入値も大きく低減できる見通しであり、商売の拡大と利益の大幅な増加はほぼ間違いないこと、レーザー加工装置を追加導入し、人員を補充することなどを説明した。そして、それらの事業見通しをベースにしたPL・BS・CS（キャッシュフロー計算書）を説明した。お小遣い帳程度の知識レベルしかなかった1年前からすれば、あかねは格段に成長していた。

あかねは経営計画発表会の最後を次の言葉で締めくくった。

「この1年間は私の人生の中でも最も充実した1年でした。本日ここにご列席の皆様をはじめ、たくさんの方にお世話になり無事初年度を終えることができました。本当にありがとうございました。私はこの1年、自分とこの会社が社会の一員としてさまざまな人のお世話になって存在していることを感じました。同時に、自分とこの会社が社会に対していかに貢献していくべきかについて考えてきました。これからも、自分とこの会社にしかできないことをつきつめ、社会に役立つ仕事をしていきたいと思います」

説明を終え、暗くしていた部屋のあかりがつけられた。目がまだ明るさに慣れていなかったので会場の様子はよくわからなかったが、参加者全員があかねに温かい拍手を送っていた。

あかねはもう一度深々とおじぎをしてからみんなの方を見た。そのとき、会場の中のある一点がスポットライトに照らしだされているように見えた。なんと、席の一番後ろに良江が座っていたのだ。良江も微笑みながらあかねに向けて拍手をしてくれていた。あかねは良江のところに駆け寄って良江の手をとった。言葉を交わす必要はなかった。２人はお互いの気持ちを確認するかのように見つめ合い、だまってうなずいた。それだけでよかった。良江が戻ってきてくれた。あかねにとっては何にも代えがたい喜びだった。

後から理恵ちゃんに聞いた話では、実は年末年始のあの忙しかった時期に、良江はあかねに気づかれないように大量注文の仕事を手伝ってくれていたらしいのだ。

あかねはどれくらいベランダにもたれかかっていただろうか。今日のこと、そしてこの1年間のことを思い起こしていた。

この1年、大変なことも多かったけど、生きてるってやっぱりいいな~と思った。

仲間がいて、誰かに助けられて、希望があって、自分のやりたいことがやれて、誰かの役に立って……。

あかねは夜空を見上げながら思いをめぐらしていた。

「これからの日本がどうなっていくかなんてわからない。これから自分がどうやって生きていけばいいのかもわからない。ただ、生きる力って、誰かの役に立つ力を身につけることじゃないかなってこの1年の経験を通して感じた。

これからのことは何もわからないけど、この美しい地球の上で、この私に与えられた一度しかない人生を、思いっきり生きぬいてやろう!」

あかねは天に向かってそう誓った。

第4部のポイント

1 減価償却費とは、ある一定期間の「正しい利益」を計算するために、長年にわたって使用する設備などの費用を使用年限に按分してPLに計上するものである。BSではその期に計上された減価償却費分だけ設備の価値が減少すると認識される。

2 売掛・買掛といった掛け商売と減価償却費の2つが現金の動きの伴わない処理の主なもの。掛け商売と減価償却費の2つの処理がわかれば複式簿記の難解な部分は理解できたと考えてよい。

3 小売業などでは期末に棚卸しを行い、会計上の在庫の認識とその期の正しい原価の計算を行う。

4 その期の税額はその期のPLに計上されるが、その期の税金はその期中には支払われない。その期の税金はその期の決算日の翌日から2か月以内に支払われる。つまり、その期の税金は翌期に支払われるのである。

5 概念的には、定期預金における元金と利息の関係が、株式投資における資本金と利益の関係に似ている。

6 資本主義の論理から言えば、会社の使命は株主のお金を事業活動によって増やすことである。

7 人も企業も社会の一員である。人も企業も社会からの恩恵を受けて存在している。であるならば、人も企業も社会に貢献する義務がある。

PART

5

第５部

財務3表の知識をビジネスの現場で使うために

ここまで、あかねのアクセサリー販売事業の物語を通して、収支計算書を使ってPLとBSを解説してきた。これで会計の基本的な仕組みは理解してもらえたと思うが、ビジネスの現場で使う財務諸表はもう少し複雑だ。第４部までの会計の知識をビジネスの現場で使えるようにするために、実際のPLとBSとCS（キャッシュフロー計算書）の構造を解説しよう。また、国際会計基準（IFRS）についてもその概要を解説する。

5-1　財務3表を正確に理解する

ここまでの物語をお読みになり、会計の基本的な仕組みがご理解いただけたでしょうか。本書では、会計の全体像と基本的な仕組みを理解していただくために、表の構造を単純化して説明してきました。つまり、ＰＬは「売上」「費用」「利益」、ＢＳは「資産」「負債」「純資産」、収支計算書は「収入」「支出」「残高」のそれぞれ3点だけで説明しました。しかし、実際の財務諸表はもう少し複雑です。最後に、本書で説明してきた3表の構造と、実際に使われる財務3表との違いについて説明しておきます。

(1)　ＰＬを理解する

ＰＬは1事業年度（通常1年間）の「正しい利益」を計算する表だと説明しました。物語の中では、ＰＬを「売上」「費用」「利益」の3項目で説明しました。しかし、この利益の計算は、

図5-1　「収益」と「費用」と「利益」

収益	費用	利益
売上高	売上原価	売上総利益(粗利)
営業外収益	販売費及び一般管理費	営業利益
特別利益	営業外費用	経常利益
	特別損失	税引前当期純利益
	法人税等	当期純利益

「売上－費用＝利益」ではなく、
「収益－費用＝利益」となります。

では、「収益」とは何でしょうか。「収益」という言葉は会計の初心者にとってはわかりにくい言葉ですよね。「売上」は「収益」ですが、「売上」だけが「収益」ではありません。日本の会計基準では上の図のように「収益」が３つ、「費用」が５つ、「利益」が５つにそれぞれ分類されています。（図５－１）

たくさんの種類の言葉が出てきますが、順を追って勉強していけば難しいものではありません。まずは「ＰＬには５つの利益がある」ということだけを覚えて、そのうえでこの５つの利益の上下関係がどうなっているかをたどっていけばＰＬはスッキリと理解できます。（２３０ページ図５－２）

図5-2　損益計算書(PL)の構造と基本

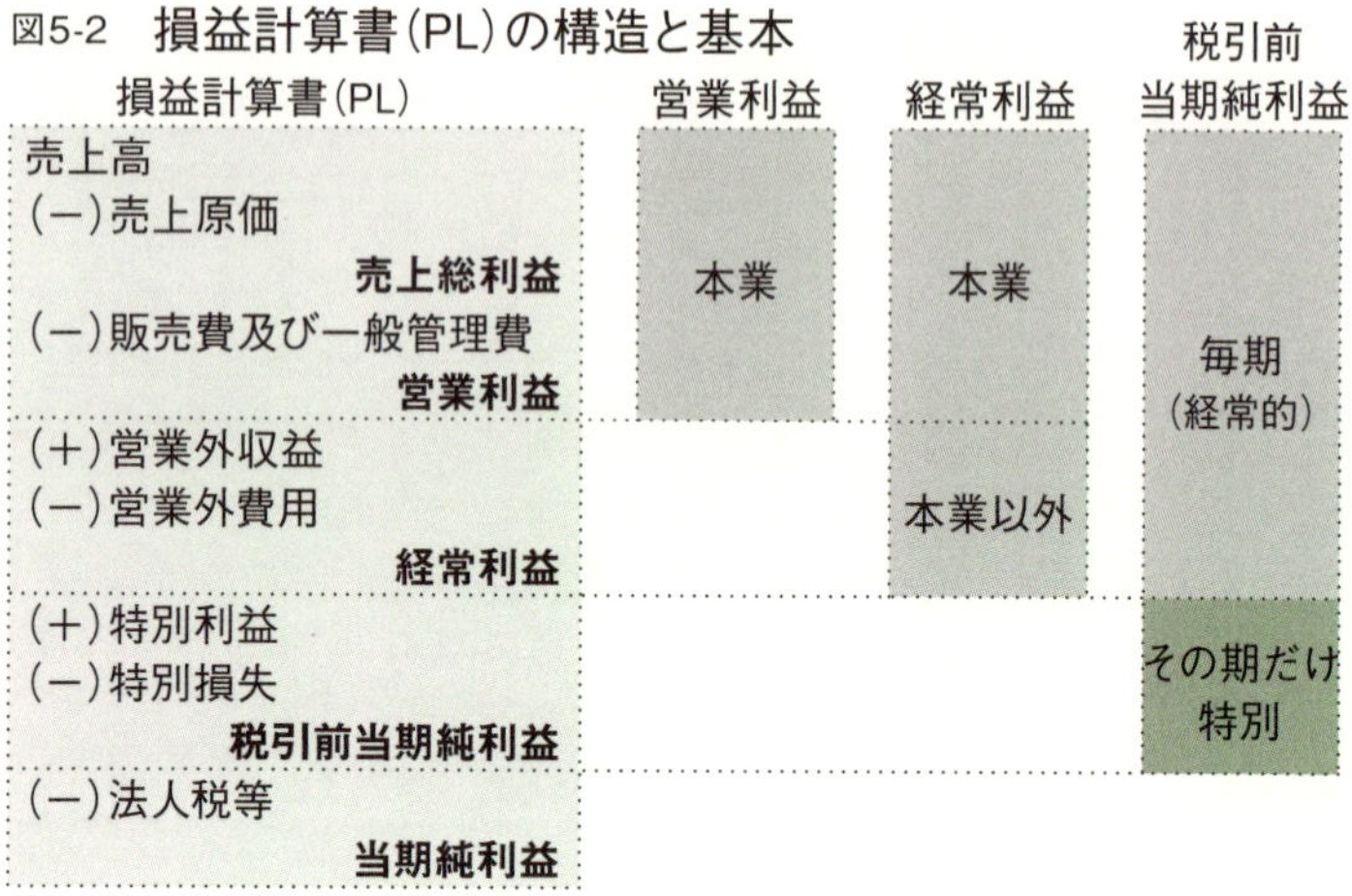

ＰＬの一番上は売上高。売上高から売上原価を引いたのが売上総利益です。通常、私たちは現場でこれを粗利《あらり》と呼んでいます。この売上総利益（粗利）の下にあるのが「販売費及び一般管理費」です。現場では「販管費」などと呼んでいます。これは営業マンや本社部門の人の人件費などです。電話代や水道光熱費などもここに入ります。すなわち、本業の営業活動に必要なすべての費用がこの「販売費及び一般管理費」に入ります。ただ、製造業などの場合は、工場で働く工員さんの人件費などは売上原価に入れることになって

います。

売上総利益（粗利）から「販売費及び一般管理費」を引いたのが営業利益。この営業利益から下が会計の初心者にとっては混乱するところですが、会計はロジックが通っているので、実はわかりやすく並んでいます。営業利益とは、読んで字のごとく本業の営業活動によってもたらされた利益のことです。

では、営業利益の下にくるのは何でしょうか。当然、「営業外」のものですね。営業外というのは本業以外の活動によってもたらされた収益や費用、つまり預貯金の受取利息や借入金の支払利息などが「営業外」に入ります。

営業利益から営業外の収益と費用を足し引きしたものが経常利益です。これも読んで字のごとく、その会社の本業及び本業以外のすべての事業活動によって常日頃経常的にあがってくる利益が経常利益です。

経常利益の下にくるのは経常的ではないものです。つまり、その期だけに特別に出てくる利益や損失。土地を売却して損失が出たとか、株を売却して利益が出たというような、その期だけに特別に生じた活動による利益や損失です。

経常利益から特別利益と特別損失を足し引きしたものが税引前当期純利益、税

図5-3　PLの足し引き計算の構造

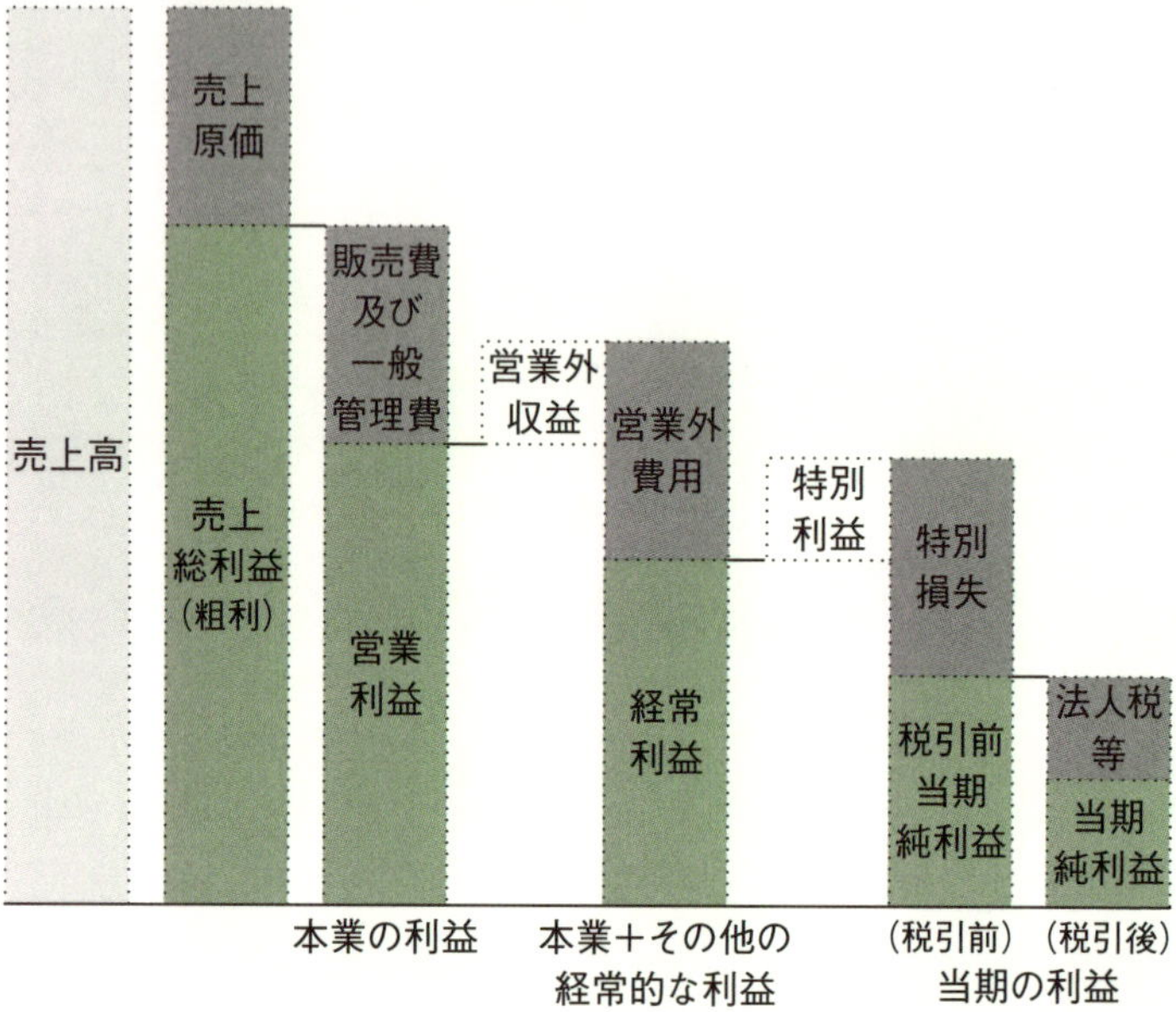

金を計上する前の当期の利益です。この税引前当期純利益から法人税等を差し引いたものが当期純利益です。新聞などで「純益」とか「最終利益」という言葉で出てくるのがこの当期純利益です。

このように順を追って理解していけば難しいものではありませんよね。

ＰＬに関する補足説明ですが、ＰＬの数字

でマイナス表示されるのは利益が赤字になった場合だけです。その他の項目は収益であろうが費用であろうがすべて正の数で記入されます。費用がマイナスで表示されていないので、5つの利益を計算する場合の足し引き計算で混乱する人がいるかもしれません。そんな人は図5－3でPLの構造を確認してください。

売上高から売上原価を引くと売上総利益（粗利）、売上総利益（粗利）から「販売費及び一般管理費」を引くと営業利益、営業利益に営業外収益を足して営業外費用を引くと経常利益、経常利益に特別利益を足して特別損失を引くと税引前当期純利益、税引前当期純利益から法人税等を差し引くと当期純利益、というようになっているわけです。

（2）BSを理解する

BSの基本構造は本文の中で説明した通り「資産」と「負債」と「純資産」の3つに分かれています。

ただ、資産の部と負債の部は、さらに「流動」と「固定」の2つに分かれています。（234ページ図5－4）

図5-4　BSの構造

資産の部	負債の部
流動資産	流動負債
現金	短期借入金
	固定負債
固定資産	長期借入金
機械装置	純資産の部
	資本金
	利益剰余金
資産合計	負債・純資産合計

資産の部は「流動資産」と「固定資産」に大きく2つに分かれます。流動資産は1年以内に現金になる予定の資産、固定資産は1年を超えて現金になる予定のない資産です。

負債の部も同様です。流動負債は1年以内に返済しなければならない負債、固定負債は1年を超えて返済する負債です。

この1年の基準をワン・イヤー・ルールと言いますが、正しく言えばワン・イヤー・ルールの前に、正常営業循環基準という基準があります。つまり、1年以内という基準で流動と固定に分ける前に、営業活動でぐるぐる回っているものはすべて「流動」に入れるという基準があるのです。たとえば、在庫などの中には実際には1年以内に現金化されないものがあるかもしれませんが、営業活動で回っているものはすべて「流動」に入れることになっています。

ただ、私たち会計の初心者は、1年以内が「流動」、1年を超えるものが「固定」と覚えていて大きな問題はないでしょう。

(3) キャッシュフロー計算書（CS）を理解する

本書では、収支計算書を用いて現金の出入りを見ながらＰＬとＢＳを説明しました。ＰＬとＢＳを現金の出入りとともに理解することはとても重要です。そのことによって、ＰＬが現金の動きを表す表ではなく、「正しい利益」を計算する表であることや、ＢＳが「財産残高一覧表」であり、投資や借金でお金が動くと収支計算書は変化するが、ＰＬにはなんら影響ないことなどがご理解いただけたと思います。

ただし、企業がつくる収支計算書はキャッシュフロー計算書（CS：Cash Flow Statement）と呼ばれ、私たちが子供の頃から慣れ親しんできた「収入」「支出」「残高」の3つに分類されたものとは形が異なります。

もちろん、キャッシュフロー計算書（ＣＳ）は現金の出入りを表す収支計算書

図5-5　事業活動とPL・BS・CSの関係

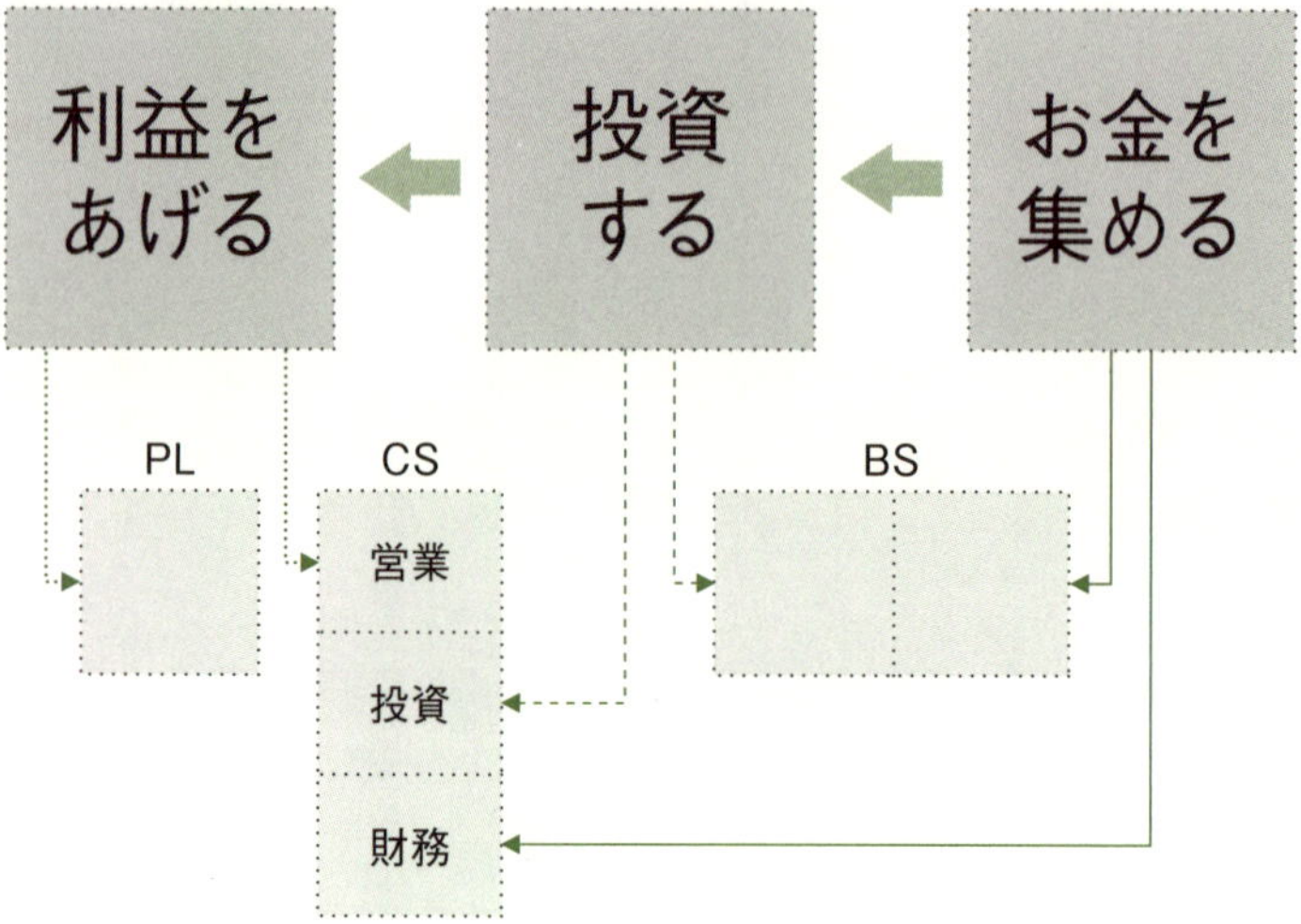

であることは間違いないのですが、CSは「収入」「支出」「残高」の3分類ではなく「営業活動によるキャッシュフロー」「投資活動によるキャッシュフロー」「財務活動によるキャッシュフロー」の3つの欄に分かれています。

SCENE8で、PLとBSはすべての企業に共通する「お金を集める」「投資する」「利益をあげる」という3つの活動を表していると説明しましたが、実はCSもこの「お金を集める」「投資する」「利益をあげる」という３つの活動を表しています。

図５－５のように、「お金を集める」が「財務活動によるキャッシュフロー」、「投資する」が「投資活動によるキャッシュフロー」、「利益をあげる」が「営業活動によるキャッシュフロー」の欄で表されているのです。

つまり、すべての企業の共通する「お金を集める」「投資する」「利益をあげる」という３つの活動を、現金の動きという観点から整理したのがＣＳなのです。

２３８ページの図５－６がキャッシュフロー計算書（ＣＳ）の詳細です。

「営業キャッシュフロー」の欄には営業収入や商品の仕入支出といった営業活動に関係する現金の出入りが、「投資キャッシュフロー」の欄には有価証券や固定資産の取得や売却といった投資活動に関係する現金の出入りが、「財務キャッシュフロー」の欄には借入金やその返済などの財務活動に関係する現金の出入りが、それぞれ記載されています。

ＣＳは「営業」「投資」「財務」の３つの欄に分かれていますが、ＣＳが収支計算書であることは間違いありません。なお、ＣＳのプラス・マイナスの表記は収支計算書やＰＬとは異なります。ＣＳは、現金が会社に入ってくる場合はプラス、

図5-6　キャッシュフロー計算書(CS)

直接法

営業キャッシュフロー

営業収入(+)
商品の仕入支出(−)
人件費支出(−)
その他の営業支出(−)

小計
利息の受取額(+)
利息の支払額(−)
法人税等の支払額(−)

営業キャッシュフロー計

投資キャッシュフロー

有価証券取得(−)
有価証券売却(+)
固定資産取得(−)
固定資産売却(+)

投資キャッシュフロー計

財務キャッシュフロー

短期借入収入(+)
短期借入返済(−)
株式発行収入(+)
自己株式の取得(−)

財務キャッシュフロー計

現金及び現金同等物の増減額
現金及び現金同等物の期首残高
現金及び現金同等物の期末残高

営業キャッシュフロー

事業活動を通しての
モノやサービスの
販売や仕入れ、
製造活動などから生じた
現金の現実的な流れ。

投資キャッシュフロー

工場建設や設備導入
などの設備投資、
子会社への投資、
株式持ち合いなど投資に係る
現金の動きを表す。

財務キャッシュフロー

金融機関からの
長短期資金の借入や返済、
社債発行による資金調達、
増資による資本金の増加
など、会社の資金調達や
返済などを表す。

現金が会社から出ていく場合はマイナス記号をつけて記載されます。

ただ、本書の第４部までの説明で用いたのは一般的な収支計算書なので、収入も支出も正の数で記入しました。

（4）間接法CSについて

実はＣＳには直接法で作成するＣＳと間接法で作成するＣＳの２つの種類があります。いままで説明してきたＣＳは直接法のＣＳです。直接法のＣＳと間接法のＣＳで違いがあるのは、営業キャッシュフローの欄だけです。（２４０ページ図５－７）

直接法のＣＳは、営業活動に現金の出入りを直接積み上げてつくります。直接法のＣＳは一般の収支計算書と同じように、すべての現金の出入りを積み上げてつくるのですからわかりやすいですね。

一方、間接法のＣＳはＰＬとＢＳの数字から逆算して、実際の営業活動による現金の動きを求める方法でつくります。どうやってつくるかと言えば、ＰＬの４番目の利益である「税引前当期純利益」を起点にして（表の一番上に持ってきて）、

図5-7　直接法と間接法のCS

直接法CS

営業キャッシュフロー

営業収入(＋)
商品の仕入支出(－)
人件費支出(－)
その他の営業支出(－)

小計
利息の受取額(＋)
利息の支払額(－)
法人税等の支払額(－)

営業キャッシュフロー計

投資キャッシュフロー

有価証券取得(－)
有価証券売却(＋)
固定資産取得(－)
固定資産売却(＋)

投資キャッシュフロー計

財務キャッシュフロー

短期借入収入(＋)
短期借入返済(－)
株式発行収入(＋)
自己株式の取得(－)

財務キャッシュフロー計

現金及び現金同等物の増減額
現金及び現金同等物の期首残高
現金及び現金同等物の期末残高

間接法CS

営業キャッシュフロー

税引前当期純利益
減価償却費(＋)
売上債権の増加(－)
棚卸資産の増加(－)
仕入債務の増加(＋)
その他負債の増加(＋)

小計
利息の受取額(＋)
利息の支払額(－)
法人税等の支払額(－)

営業キャッシュフロー計

投資キャッシュフロー

有価証券取得(－)
有価証券売却(＋)
固定資産取得(－)
固定資産売却(＋)

投資キャッシュフロー計

財務キャッシュフロー

短期借入収入(＋)
短期借入返済(－)
株式発行収入(＋)
自己株式の取得(－)

財務キャッシュフロー計

現金及び現金同等物の増減額
現金及び現金同等物の期首残高
現金及び現金同等物の期末残高

（投資キャッシュフロー以下：直接法CSと同じ）

現金の動きがないのに利益を変化させる要因となったものを足し引き計算して、実際の現金の動きを求めるのです。

　読者の皆さんはすでに、掛け商売や減価償却費によって現金の動きがないのにＰＬの利益が変動することは、ご理解いただいていると思います。逆に言えば、ＰＬの利益から掛け商売や減価償却費などの、現金の動きがないのに利益に影響を与える項目を足し引きすれば、実際の現金の動きを求めることができるわけです。したがって、間接法ＣＳの営業キャッシュフローの欄には、おおよそ現金の動きとは関係ない減価償却費、売上債権（売掛金など）の増減、仕入債務（買掛金など）の増減といった項目が並んでいるわけです。

　さらに言えば、これら現金の動きがないのに利益を変動させる売掛金などの１年間の増減は、期首のＢＳの「売掛金」の数字と、期末のＢＳの「売掛金」の数字を差し引きすれば簡単に求められるわけです。つまり、１枚のＰＬと期首のＢＳ、期末のＢＳの３枚の表があれば簡単に営業キャッシュフローの額が求められるわけです。ちなみに、世の中に出回っているＣＳの大半は間接法のＣＳです。

　ここまでの説明で間接法ＣＳの作成方法が理解できなくても大丈夫です。結局

ＣＳで大切なのは現金の動きです。直接法であろうが間接法であろうが、営業キャッシュフローの欄で見るべきポイントは、営業キャッシュフローの総額が増えているのか減っているのかということです。

営業キャッシュフローがプラスということは、営業活動によって会社の現金が増えているということですし、営業キャッシュフローがマイナスということは営業活動によって会社の現金が減っているということです。営業キャッシュフローがマイナスというのは本業の事業活動がよくない状況だということです。

間接法のＣＳについてしっかり勉強したいと思われる方は、拙著『「財務３表のつながり」で見えてくる会計の勘所』（ダイヤモンド社）をお読みください。

5-2　国際会計基準（ＩＦＲＳ）も基本は同じ

いま日本では国際会計基準（ＩＦＲＳ）の導入が大きな話題になっています。ＩＦＲＳは「アイファース」とか「イファース」とかと呼ばれていますが、“International Financial Reporting Standard”の略、つまり「国際会計基準」のことです。

ちまたでは、ＩＦＲＳが導入されれば「貸借対照表」も「損益計算書」もなくなってしまい、いままでの会計の知識がまったく役に立たなくなるというような危機感をあおる表現も少なくありません。

確かに、ＩＦＲＳが導入されれば売上高の基準や有価証券の分類方法や評価方法が変わるなどの変化がありますから、財務諸表をつくる立場の人や経営者にとっては大きな変化と考えられます。また、「貸借対照表」や「損益計算書」といった表の名前はなくなります。

しかし、ＩＦＲＳが導入されてもＰＬ、ＢＳ、ＣＳに対応した表は存在します。むしろ、本書で会計を勉強し、企業の基本活動が「お金を集める」「投資する」「利益をあげる」という3つであることを理解している人にとっては、ＩＦＲＳは理にかなっているように思えるでしょう。

なぜなら、ＰＬ、ＢＳ、ＣＳにあたる3つの表全部が、この「お金を集める」「投資する」「利益をあげる」という3分類で記載されるようになるからです。そもそもＣＳは「営業」「投資」「財務」の3つに分かれていましたが、ＰＬやＢＳも

図5-8　日本基準と国際会計基準（IFRS）における財務諸表

日本基準	違い	国際会計基準（IFRS）
損益計算書 profit and loss statement PL	当期利益（日本基準の当期純利益）に「その他の包括利益」が加減され「当期包括利益合計額」が表示される。	包括利益計算書 statement of comprehensive income
貸借対照表 balance sheet BS	大差なし	財政状態計算書 statement of financial position
キャッシュフロー計算書 cash flow statement CS	大差なし	キャッシュフロー計算書 statement of cash flows

「営業」「投資」「財務」の３つの項目に分類して記載されるようになる見込みです。

　ＩＦＲＳが導入されてもＰＬ、ＢＳ、ＣＳの大きな構成は変わりません。図５－８の通り、これらの３つの表の名称は異なりますが、会計の専門家でない私たちが財務諸表を理解し利用するにあたっては、ＢＳとＣＳは「大差なし」と言っていいでしょう。

　ただ、図５－９に示したようにＰＬには大きな違いが１つあります。ＰＬと「包括利益計算

図5-9　包括利益計算書

収益
費用
当期利益
その他の包括利益
当期包括利益合計額

書」の大きな違いは、「当期利益」（日本基準でいう「当期純利益」）のほかに「その他の包括利益」という項目が含まれる点です。

「その他の包括利益」は、日本基準で言えばＢＳの純資産の部にある「その他の有価証券評価差額金」に該当します。「その他の包括利益」は「当期利益」と合算されて「包括利益計算書」上では「当期包括利益合計額」とされます。この点だけは大きな変化と言えますのでご注意ください。

第５部のポイント

1 PLの利益は「収益」－「費用」＝「利益」という計算式で計算される。日本の会計基準では収益が３つ、費用が５つ、利益が５つに分類されている。

2 BSは「財産残高一覧表」であり、資産の部と負債の部はそれぞれに「流動」と「固定」に分かれている。

3 CSは会社の収支計算書である。ただ、企業がつくるCSは「営業活動によるキャッシュフロー」「投資活動によるキャッシュフロー」「財務活動によるキャッシュフロー」の３つの欄に分かれている。それは、すべての企業に共通する「お金を集める」「投資する」「利益をあげる」という３つの活動を現金の動きという観点から説明するためである。

4 CSの作成方法には「直接法」と「間接法」がある。直接法のCSは直接現金の動きを積み上げてつくるもので、間接法のCSはPLとBSの数字を使って間接的に現金の動きを計算するという方法によってつくるものである。世の中に出回っているCSのほとんどは「間接法」によってつくられている。

5 国際会計基準（IFRS）の導入を恐れる必要はない。使われる表の名前は変わろうとも、会計の基本的な考え方に変わりはない。

おわりに

最後までお読みいただきありがとうございました。いかがでしたでしょうか。会計の基本的な仕組みがご理解いただけましたか。

私はもともと機械エンジニアでしたから、会計の入門書を読み始めた頃は「会計は難しいな」と感じていました。しかし、会計の基本的な仕組み自体は極めてシンプルです。

昔は、会計の仕組みを完全に理解するには複式簿記の仕訳《しわけ》のルールを覚えるしかないと言われていました。また、いままでの会計の勉強法と言えば、昔から慣れ親しんでいた収支計算書とはまったく異なる複式簿記という方法でつくられたＰＬとＢＳを勉強し、次にさらに難しい間接法のＣＳを学ぶというステップでした。そのことが会計の勉強をより一層難しいものにしていたのではないかと思います。

しかし、財務３表（ＰＬ、ＢＳ、ＣＳ）を一体にして勉強すれば、会計の仕組みは簡単に理解できます。私は、この財務３表を一体にした勉強法に関する本をこれまでに何冊も出版し、多くの読者の皆様から好評をいただいてきました。ただ、これまでの著作はどれも企業人を読者対象に想定したものでした。

会計の仕組みのシンプルさから考えれば、会計の仕組み自体は高校生にでも容易に理解できます。私は、高校生を含むもっともっと多くの方々に会計の仕組みを理解してもらいたいと思いました。

本書は財務３表を一体にして勉強する勉強法をさらに進化させたものです。本書は、財務３表を一体にして勉強するというより、**複式簿記のＰＬとＢＳを、収支計算書を通して学ぶというまったく新しい会計の勉強法を提案したものです。**

本書を執筆して、著者の私自身が財務３表を一体にした勉強法の有効性を再認識しました。財務３表（ＰＬ、ＢＳ、ＣＳ）の中のＣＳは、現金の出入りを表す収支計算書です。このＰＬ・ＢＳとＣＳ（収支計算書）はどんな関係にあるか。実は、すべての伝票を複式簿記で整理したらＰＬとＢＳになり、すべての伝票を現金の動きで整理したら収支計算書になります。つまり、すべての伝票を整理したという意味から言えば、複式簿記のＰＬ・ＢＳと収支計算書は同じことを表している帳簿だともいえるのです。

２つの帳簿の大きな違いは、収支計算書は現金の動きのみを表す帳簿であるのに対して、複式簿記のＰＬとＢＳが現金の動きのない取引も記載する帳簿であるという点です。ですから、この違いさえ認識しておけば、複式簿記のＰＬとＢＳは、私たちが子供の頃から慣れ親しんできたお小遣い帳や家計簿といった収支計算書を通して勉強すればわかりやすいのです。

本書で説明した、収支計算書を使ってＰＬ・ＢＳを理解する勉強法は、いままでになかったまったく新しい会計の勉強法といっていいでしょう。

本書が生まれるきっかけをつくってくださったダイヤモンド社の石田哲哉編集長（その後、ダイヤモンド社の社長）は、拙著『財務３表のつながり』で見えてくる会計の勘所』の出版でお世話になった方です。石田さんも私も高校生の子供を持つ父親です。本書の企画から編集にあたっては、２人して「我々の子供たちでも理解できるように」とさまざまな工夫を凝らしました。石田さんには本企画が動き出した1年半前から貴重なアドバイスを頂戴してきました。

　私は、書籍のあとがきで家族に対する謝辞を述べるのはいかがなものかと思っている人間なのですが、今回はお許しいただきたいと存じます。現在高校生である娘の國貞公子は、私の原稿を隅々まで読んでくれ、若い女性の言葉遣いとして不適切なところや、高校生にとってわかりにくいところを指摘してくれました。そのおかげで、主人公あかねの言葉遣いはより現実の26歳の女性のものに近づきましたし、売掛・買掛などの難解な箇所の説明もかなり工夫を凝らすことができました。

　本書の出版にあたりましては、この２人以外にも、校正、デザイン、ＤＴＰ、印刷など本当にたくさんの方のお世話になりました。お名前が表に出ることのない、このようなプロの皆様のご尽力のおかげで素晴らしい本に仕上がりました。

　この場をお借りして、関係の皆様に心より感謝申し上げます。

本書がたくさんの方の会計理解の一助になれば著者としてこれに勝る喜びはありません。本書が、高校生を含む多くの皆さんの手に届くことを願っています。

國貞　克則

〈参照図書〉
１　Ｐ・Ｆ・ドラッカー著、上田惇生訳『［ドラッカー名著集］創造する経営者』ダイヤモンド社、２００７年
２　國貞克則著『「財務３表のつながり」で見えてくる会計の勘所』ダイヤモンド社、２００７年（追記：本書の増補改訂版『図解「財務３表のつながり」でわかる会計の基本』を２０１４年にダイヤモンド社より出版致しました）

［著者］

國貞克則（くにさだ・かつのり）

ボナ・ヴィータ コーポレーション代表取締役。

1961年生まれ。東北大学工学部卒業後、神戸製鋼所入社。海外プラント輸出、人事、企画などを経て、1996年米クレアモント大学ピーター・ドラッカー経営大学院でMBA取得。2001年ボナ・ヴィータ コーポレーションを設立。ドラッカー経営学導入を中心にしたコンサルティングと、日経ビジネススクールなどで会計の講義を行っている。

主な著書に『財務３表一体理解法』（朝日新書）、『図解「財務３表のつながり」でわかる会計の基本』（ダイヤモンド社）、『究極のドラッカー』（角川新書）、『The Trilateral Approach：グローバルに働く人の英文会計』（ボナ・ヴィータ コーポレーション）、訳書に『財務マネジメントの基本と原則』（東洋経済新報社）などがある。

ストーリーでわかる財務３表超入門

2011年２月17日　第１刷発行
2021年７月20日　第14刷発行

著　者――國貞克則
発行所――ダイヤモンド社
〒150-8409　東京都渋谷区神宮前6-12-17
https://www.diamond.co.jp/
電話／03･5778･7233（編集）　03･5778･7240（販売）
イラスト――飛田冬子
装丁･本文デザイン――斉藤重之
製作進行――ダイヤモンド・グラフィック社
印刷――勇進印刷（本文）・新藤慶昌堂（カバー）
製本――ブックアート
編集担当――石田哲哉（ishida@diamond.co.jp）

ISBN 978-4-478-01561-2